Items should be returned on or before the last date shown below. Items not already requested by other borrowers may be renewed in person, in writing or by telephone. To renew, please quote the number on the barcode label. To renew on line a PIN is required.
This can be requested at your local library.
Renew online @ **www.dublincitypubliclibraries.ie**
Fines charged for overdue items will include postage incurred in recovery. Damage to or loss of items will be charged to the borrower.

Leabharlanna Poiblí Chathair Bhaile Átha Cliath
Dublin City Public Libraries

Dublin City
Baile Átha Cliath

CABRA LIBRARY

Date Due	Date Due	Date Due

Ridire an Ghaiscidh

*athinsint ar scéal béaloidis idirnáisiúnta,
curtha in oiriúint don fhoghlaimeoir*

Caitríona Hastings

Cló Iar-Chonnacht
Indreabhán
Conamara

An chéad chló 2016
© Cló Iar-Chonnacht 2016

ISBN 978-1-78444-140-1

Dearadh: Deirdre Ní Thuathail
Dearadh clúdaigh: Clifford Hayes

Foras na Gaeilge

Tá Cló Iar-Chonnacht buíoch de Fhoras na Gaeilge
as tacaíocht airgeadais a chur ar fáil.

Faigheann Cló Iar-Chonnacht cabhair airgid
ón gComhairle Ealaíon.

Clóchur: Cló Iar-Chonnacht, Indreabhán, Co. na Gaillimhe.
Teil: 091-593307 **Facs:** 091-593362 **r-phost:** eolas@cic.ie
Priontáil: CL Print, Casla, Co. na Gaillimhe.

do na foghlaimeoirí,
agus dá gcuid múinteoirí, le hómós.

CLÁR

Réamhrá

Bhíodh ár sinsir ag dréim leis an gheimhreadh. Bhí an fómhar istigh agus anois bhí seans acu a scíth a ligean agus dul ag airneál san oíche. Bhídís ag caint le chéile, ag malartú nuachta, ag ceol, ag damhsa, ag insint scéalta sna tithe airneáil.

Ócáid idiraosach a bhíodh ann. Bhíodh gach duine ansin le chéile, idir óg agus aosta. Ba iad na daoine fásta is mó a bhaineadh sult as an litríocht bhéil. Bhídís ag éisteacht le scéal traidisiúnta mar a bhíonn muide ag amharc ar scannán nó ag léamh úrscéil sa lá atá inniu ann. Ar ndóigh, bhíodh na páistí ansin ag éisteacht le gach cineál scéil fosta. Ní thuigidís gach ní ach bhídís ag foghlaim a gcultúir agus a n-áit féin sa chultúr sin – dá bhfoghlaim féin, mar a déarfá. Tá deireadh leis an airneál anois. D'athraigh an saol as cuimse.

Tá instinn sa duine fós a bheith ag insint agus ag éisteacht le scéalta. Mairimid i ré na teicneolaíochta anois, ach is léir go bhfuil an tóir chéanna againn ar an scéalaíocht; sna scannáin, sna cluichí ríomhaire, sna sobaldrámaí. Is ainmhithe sinn atá beo ar scéalta go fóill. Is cuma cá bhfaighimid iad: cois tine, i leabhair, ar DVD, nó ar an aip is úire don fhón póca.

Is áis iontach ag an fhoghlaimeoir Gaeilge na scéalta traidisiúnta mar sin. Ar an ábhar gur litríocht bhéil don chluas iad ar an chéad dul síos, bíonn an teanga go measartha simplí iontu. Úsáidtear athrá go minic chun rithim, aontacht agus leanúnachas a thabhairt don scéal. Bíonn siad lán nathanna úsáideacha cainte nach furasta don fhoghlaimeoir teacht orthu i gcomhthéacs nádúrtha. Coinníonn na tréithe sin suim an fhoghlaimeora sa lá atá inniu ann, díreach mar a choinnigh siad suim an lucht éisteachta cois teallaigh san am atá caite.

Léigh scéal *Ridire an Ghaiscidh* mar sin. Bain sult as a chuid eachtraí uilig. Tá foréigean anseo, grá, contúirt, easpa muiníne, crógacht, fórsaí dorcha le cloí – eilimintí an scéinséara nua-aimseartha más maith leat, ach iad suite i dtimpeallacht eile ar fad.

Ridire drogallach go leor a bhí sa ridire seo ag an tús ach d'ainneoin na n-ainneoin, choinnigh sé leis go deireadh. B'fhéidir go bhfuil ceacht ansin don fhoghlaimeoir Gaeilge, agus dúinn ar fad.

1. An Tús

Bhí rí in Éirinn fadó agus is fadó a bhí. Rugadh mac don rí sin agus dá bhean, an chéad duine clainne acu. An uair sin, bhíodh nós ag daoine uaisle a gcuid mac óg a chur uathu, iad a chur ar oiliúint ag bean altrama. Ní amháin gur chuir Rí na hÉireann a mhac ar altramas, áfach, d'ordaigh go dtógfaí thíos in uaimh talún é in áit nach bhfeicfeadh sé gaoth ná grian. Ní raibh an fear óg le teacht aníos as an uaimh, a dúirt an t-athair, go raibh sé in inmhe fir.

'Mór' an t-ainm a bhí ar an bhean altrama a thogh an rí chun aire a thabhairt dá mhac. Bean mhaith chineálta a bhí inti agus thug sí scoth aire don leanbh ar feadh seacht mbliana. Bhí an rí tar éis ainm an ghasúir a insint do Mhór, ach dúirt léi gan an t-ainm sin a thabhairt air go raibh sé in inmhe fir. Ar an ábhar sin, shocraigh Mór ar 'Beag' a thabhairt mar ainm peata ar an bhuachaill agus é ina leanbán.

Bhíodh Mór agus Beag ag póirseáil thart sa dorchadas thíos faoin talamh. Ba mhinic Mór ag insint scéalta do Bheag faoin saol mór a bhí ag fanacht leis thuas os cionn talún. D'insíodh sí scéalta dó ar na laochra agus na gaiscígh ar fad a chuaigh roimhe. D'insíodh sí scéalta dó faoi na gasúir eile a bhíodh ar oiliúint aici féin sular tháinig seisean. Ba liosta le háireamh iad na gasúir sin, iad ina bhfir láidre chróga anois a dúirt sí. Bhí sí bródúil astu. Thugadh Beag éisteacht mhaith di. I ndeireadh báire bhí an oiread sin taithí aige ar na scéalta sin, go raibh na heachtraí agus na carachtair iontu de ghlanmheabhair aige.

'An mbeidh mise im ghaiscíoch amach anseo?' a d'fhiafraíodh sé de Mhór.

D'amharcadh sí air go staidéartha ansin.

'Níl fáth ar bith nach mbeadh,' a deireadh sí agus í ag gáire.

Níor bhraith Beag róchinnte faoi sin. Bhí a fhios aige ó bheith ag éisteacht le scéalta Mhór go mbeadh roinnt trealaimh ag teastáil uaidh i dtosach báire. Cá bhfaigheadh sé culaith ghaisce, mar shampla? Nó claíomh solais? Nó gearrán lúfar láidir chun é a iompar isteach sa bhearna bhaoil? Agus cén dóigh a bhfaigheadh sé an lámh in uachtar ar chailleacha gránna, ar fhathaigh fhíochmhara, ar ghruagaigh mhóra mhillteacha – gan trácht ar ollphéisteanna, chait mhara agus an iliomad arrachtaí eile a bhíodh i scéalta Mhór?

Nuair a bhí an gasúr seacht mbliana d'aois, thug Mór aníos ar bhruach na huaimhe é.

('Bhó, féach seo,' ar seisean leis féin. 'Tá mé dallta ag an solas! Nach aoibhinn an t-aer úr ar m'aghaidh, isteach is amach as mo chuid polláirí! Agus an stuif bhog ghlas seo faoi mo chosa . . .! Go hálainn ar fad!')

Rith sé leis trasna na páirce, ag déanamh iontais de gach rud thart timpeall air.

'Gabh i leith uait anseo!' a scairt Mór. 'Bain triail as seo!'

Bhí dhá chamán léi. Thug sí camán óir do Bheag agus choinnigh camán airgid di féin. Chaith sí liathróid bheag chrua amach i lár na páirce.

'Buail leat anois, a ghiolla bhig!' a d'ordaigh sí.

Ní raibh Beag i bhfad ag teacht isteach air mar chluiche. Thosaigh an bheirt ag bualadh báire. Bhí siad ag bualadh leo go raibh deireadh an lae ag teacht nó, mar a déarfadh Mór í féin, 'go raibh an gearrán bán ag dul ar chúl na copóige, go raibh an chopóg ag dul go dtí an Domhan Thoir le faitíos'. Bhí dhá bháire ag Mór ar an ghasúr sa deireadh, gan aigesean ach aon bháire amháin. Ghlac sí trua dó ansin, leag isteach i mbinn a cóta é agus d'iompair síos isteach san uaimh é. Thit a chodladh air sula raibh siad thíos agus leag sí isteach sa leaba é.

Níor shocraigh Beag síos chomh furasta céanna an t-am seo. Anois bhíodh an dorchadas ag cur isteach air. Shantaigh sé an t-aer úr ar a aghaidh, an féar glas faoina chosa, solas na gréine chuile áit. 'Tá mé dubh dóite den áit seo,' a deireadh sé chuile lá. Bhíodh Mór ag iarraidh cian a thógáil de, le scéalta agus cluichí agus cineáltas. D'imigh na blianta thart.

Nuair a bhí an buachaill ceithre bliana déag d'aois, thug Mór aníos os cionn an talún arís é. Thug sí camán airgid dó agus camán óir di féin an t-am seo. Bhí siad ag bualadh leo nó go raibh sé ina chlapsholas, go raibh an gearrán bán ag dul ar chúl na copóige, agus an chopóg ag dul go dtí an Domhan Thoir le faitíos. Bhí feabhas ar Bheag i mbun camáin anois ach fós ní raibh sé in ann an bua a fháil ar Mhór. Ag deireadh an lae, agus é tuirseach traochta, bhí dhá bháire aici air, gan aigesean ach aon bháire amháin. Ní raibh sé sásta. Ní nach ionadh, ba dheacra arís tabhairt air dul síos isteach san uaimh an t-am seo.

D'aontaigh sé dul síos sa deireadh, cé go raibh rún daingean aige ina chroí istigh éalú a luaithe is a bheadh faill aige. Caithfidh sé gur thuig Mór go maith cad é a bhí beartaithe aige, nó choinníodh sí súil mhaith air uaidh sin amach. Bhog sí an leaba s'aici isteach sa phasáiste caol a bhí mar bhealach isteach san uaimh. Bhí Beag sáinnithe agus ba mhinic é in ísle brí. Bhí a fhios aige an focal 'géibheann' ó na scéalta a d'insíodh Mór dó. Dar leis, bhí sé féin i ngéibheann gan a fhios aige cén fáth. Cé gur Beag fós an t-ainm a bhí air, ní raibh sé beag a thuilleadh, ar ndóigh. B'fhada leis go bhfaigheadh sé ar shiúl ón uaimh, go bhféadfadh sé dul amach sa saol mór ina fhear óg déanta.

Nuair a bhí sé bliain agus fiche, dúirt Mór go raibh an t-am aige teacht aníos as an uaimh arís. An uair seo, is é an camán óir a thug sí dó. Choinnigh sí an camán airgid di féin. Rug Beag greim ar an chamán. D'amharc sé idir an dá shúil ar Mhór. As go brách leis suas an pháirc ag bualadh na liathróide suas san aer roimhe. Lean Mór dó. Bhí siad ag bualadh leo nó go raibh sé dorcha, go raibh an gearrán bán ag dul ar chúl na copóige, agus an chopóg ag dul go dtí an Domhan Thoir le faitíos. Bhí Mór ag tarraingt na gcos ina diaidh sa deireadh. Bhí an fear óg fós ina neart. Bhí dhá bháire aige uirthi, gan aicise ach aon bháire amháin.

Leag Mór síos an camán. Bhí sí as anáil. Rinne sí gáire leis.

'Rinne tú go maith, a bhuachaill,' a dúirt sí. 'Anois, is féidir d'ainm ceart a thabhairt ort. Uaidh seo amach, is tú Ridire an Ghaiscidh!'

Stán Beag uirthi. Bhí cuma bhuartha air.

'Ridire?' a dúirt sé. 'Mise . . . ?

'Sea,' arsa Mór. 'Ridire an Ghaiscidh a thabharfaimid ort feasta.'

'Ach, ach . . . níl a fhios agam beo cén dóigh le bheith im ridire,' arsa'n fear óg go stadach. 'Níl mé ach tar éis teacht amach as uaimh dhorcha faoin talamh – níl fiú radharc na súl mar is ceart agam go fóill!'

Rinne Mór gáire eile.

'Mar a rinne an chuid eile acu, déanfaidh tusa é freisin,' a dúirt sí.

Rinne an ridire nua machnamh dó féin.

('Im ridire? Beag an baol! Táim ar nós sicín a tháinig amach as blaosc uibhe, mar a bhíodh Mór ag caint orthu. B'fhéidir go dtiocfainn isteach air thar am . . . ach misneach a bheith agam.')

'Má deir tú é, a Mhór,' ar seisean. 'Ach is deacair liom a chreidiúint! Tá a lán le foghlaim agam.'

'Beidh tú in ann ag gach ní a thagann i do bhealach,' a dúirt Mór. 'Tá d'ainm ceart tuillte agat anois, an t-ainm a thug d'athair ort. Is tú Ridire an Ghaiscidh, Ridire an Ghaiscidh a thóg agus a bheathaigh Mór. Tá mé bródúil asat!'

Bhí ceist ag an fhear óg le cur ar Mhór.

'An dtig liom ceist a chur ort?' ar seisean.

'Thig leat,' arsa Mór.

'Ar bheathaigh tú aon ghaiscíoch riamh chomh maith liom?' ar seisean.

Rinne Mór machnamh.

'Níor bheathaigh,' ar sise. 'Bhuel, tá fear amháin ann is dócha – má chastar Glúin Dubh sa Domhan Thoir leat, ní déarfainn nach bhfuil seisean chomh maith leat.'

Bhain sin geit as an ridire óg. Chuimhnigh sé ar an ainm. Bheadh sé ag faire amach don Ghlúin Dubh sin. Ansin d'fhág se slán ag Mór. Bhí brón air í a fhágáil. Ach bhí sé in am aige aghaidh a thabhairt ar an saol mór, fáil amach céard a bíos ar siúl ag na ridirí mór le rá agus iad i mbun gaiscíochta.

2. Ag dul abhaile

Thug Mór fios an bhealaigh chun an bhaile don Ridire. Turas fada go leor a bhí ann. Shiúil sé leis ag déanamh iontais de gach rud a chonaic sé. Casadh daoine dó ar a bhealach ach níor labhair sé leo, nó bhí saghas faitís air rompu. Bhí ruainnín beag aráin leis a thug Mór dó le hithe agus d'ól sé uisce na sruthán nuair a tháinig tart air. Nuair a shroich sé caisleán Rí na hÉireann, sheas sé ansin tamall ag breathnú uaidh, ag smaoineamh faoi cad é a bhí roimhe.

'Cén saghas fáilte a chuirfear romham anseo?' a d'fhiafraigh sé de féin. 'An mbeidh dearmad déanta acu orm? Cén saghas duine é an t-athair seo agam a chuir ar shiúl a mhac agus é beag óg? Cén fáth ar thug sé Ridire an Ghaiscidh mar ainm orm an chéad lá? An mbeidh mise ábalta chuig an ghairm sin?'

Bhí sé ciaptha cráite ag na ceisteanna sin. Dá mbeadh rogha aige ag an nóiméad sin, ba bhreá leis a bheith ar ais san uaimh dhorcha in éineacht le Mór, ba chuma cé chomh holc is a bheadh sé!

'Amaidí, a bhuachaill – deargamaidí!' ar seisean faoina anáil. 'Nó nár chaith tú do chuid ama thíos sa pholl brocach sin ag clamhsán? Nach ag fanacht leis an lá seo a bhí tú?'

Dhírigh sé suas é féin agus chuaigh síos faoi dhéin an chaisleáin. Bhuail cnag ar an doras mór trom.

Bean ard dhóighiúil a tháinig amach, bean mheánaosta. Bhí an chuma uirthi go raibh sí faoi strus.

'Sea?' a dúirt sí, dá bhreathnú go grinn.

Shlog an Ridire siar anáil mhór fhada.

'Tá mé anseo ag lorg Rí na hÉireann,' ar seisean go bréagchróga.

'Agus cén gnó a bheadh agatsa le Rí na hÉireann?' a d'fhiafraigh an bhean agus cantal ina glór.

Thit croí an Ridire.

'Is mise a mhac!' a dúirt sé go híseal.

Tharla ní ansin nach raibh sé ag dréim leis. Phléasc an bhean amach ag gáire. Chuir sí a dhá lámh ar na scorróga s'aici, chrom síos píosa agus lig racht mór gáire.

'Is tú go deimhin!' a dúirt sí sa deireadh. 'Mac Rí na hÉireann, landáilte anseo gan fáilte gan fógra, ar nós gach duine eile acu!'

Bhí sé ag éisteacht go cúramach léi.

'Gach duine eile acu?' a d'fhiafraigh sé. 'Ach . . . ach . . . táim ag fanacht bliain agus fiche le teacht anseo . . .'

Bhris sí isteach air.

'Beidh fanacht fada eile ort, a mhic!' a dúirt sí go borb. 'Tá do leithéid feicthe againn go mion minic anseo. Fir óga ghlice ag ligean orthu gurb é an rí a n-athair. Imigh leat anois nó gheobhaidh mé na gardaí lena gcuid madraí chun an ruaig a chur ort.'

Gardaí . . . madraí . . . níor thaitin an chaint sin leis an Ridire. Níor dhúirt Mór aon ní faoi seo. B'fhéidir gur chóir dó imeacht láithreach.

Ach ní fhéadfadh sé imeacht. Cén áit a rachadh sé?

Sheas sé ansin in áit na mbonn ag féachaint ar an bhean.

'Bhuel . . . ?' ar sise. 'Ná fan anseo – nár dhúirt me leat bailiú leat!'

Ghlac sé misneach. Dhírigh sé suas é féin arís.

'A bhean uasail,' a dúirt sé, 'ní mór dom Rí na hÉireann a fheiceáil. Níl mé ag dul áit ar bith go bhfeicfidh!'

Shuigh sé síos ar leac an dorais. Bhí sé ar crith ach choinnigh sé guaim air féin.

'Imigh leat, a deirim!' a scairt an bhean ag breith greim ghualainne air.

Leis sin, chualathas trup sa doras taobh thiar di. Amach le fear beag liath agus cuma thrangláilte air. Bhí an ghruaig ina seasamh ar bharr a chinn. Bhí a chuid éadaí in aimhréidh.

'Cad é atá ag dul ar aghaidh anseo?' a d'fhiafraigh an fear beag liath.

(Dar leis an Ridire, 'Dar fia, ní cuma rí atá ortsa! Ach is beag taithí atá agamsa orthu mar ríthe, b'fhéidir gur seo díreach an chuma a bhíonn orthu . . .')

'A bhean gan mhaith,' a scairt an fear beag cantalach, 'nár iarr mé ort an teach a choinneáil ciúin go ndéanfainn dreas codlata?'

'Diabhal neart agam air,' a d'fhreagair an bhean go neamhbhalbh. 'An scaibhtéir seo thíos a chuir isteach ar do dhreas codlata!'

D'amharc an rí ar an Ridire.

'Cé thusa agus céard atá uait?' a d'fhiafraigh sé go bagrach. 'Nach dána an mhaise duit teacht anseo ag bualadh cnag ar dhoras chaisleán Rí na hÉireann?'

Sheas an Ridire suas. Bhí a chroí ina bhéal aige.

('Anois nó go brách!' a dúirt sé faoina anáil. Chuimhnigh sé ar ar dhúirt Mór leis.)

'A dhuine uasail,' ar seisean. 'Tháinig mé anseo sa tóir ar Rí na hÉireann – is mise a mhac.'

Gheit an rí. Ansin, bhuail fearg mhillteanach é.

'Duine eile agaibh!' a bhéic sé. 'Nach mise an díol trua eadraibh – sibh ag spochadh asam go mion agus go minic. Ag lorg mo chuid airgid uaim! An gceapann tú gur amadán mé?'

Baineadh siar as an Ridire.

'Ní spochadh ar bith é, a dhuine uasail. Más tusa Rí na hÉireann, is mise do mhac.'

'Tá mo mhacsa caillte,' a d'fhógair an rí go brónach.

'Níl sé!' a d'fhreagair an Ridire go gasta. 'Tá sé ina sheasamh anseo beo beathach romhat!'

Bhí an rí dá scrúdú go mion.

Labhair sé de ghlór mall tuirseach.

'A bhligeaird ghránna,' ar seisean, 'déarfaidh mé leat mar a dúirt mé leis an chuid eile – más tusa mo mhac, beidh agat píosa eolais nach mbeadh ag éinne eile ach m'fhíormhac féin. Mura bhfuil sin agat, is duitse is measa!'

Smaoinigh an Ridire. Bhí a chroí ag preabadh ina ucht.

'Ní thig liom ach mo scéal a insint duit, a dhuine uasail – sin a bhfuil d'eolas agam ar an saol seo.'

Thosaigh ansin gur inis a scéal don rí, faoin dóigh ar tógadh in uaimh dhorcha thíos faoin talamh é ag máthair altrama darbh ainm Mór. An dóigh ar chuir sí triail air gach aon seachtú bliain chun go raibh dhá bháire aige uirthi agus é bliain agus fiche. An dóigh a raibh fuath aige ar an dorchadas agus a leadránaí is a bhí an saol thíos ansin. An dóigh a mbíodh fonn éalaithe air i rith an ama, amhail is gur i bpríosún a bhí sé.

'Gan aon choir déanta agam!' a dúirt sé.

Bhí an rí agus a bhean ag éisteacht go cúramach. De réir mar a bhí an scéal ag dul ar aghaidh bhí deora leis an bhean.

Stop an Ridire de bheith ag caint.

'Sin é mo scéalsa, a dhuine uasail, diabhal bréag atá ann!'

Rinne an rí seal machnaimh. D'amharc sé ar a bhean.

'Tá go maith,' ar seisean. 'Aon phíosa amháin eolais nár thug tú dom fós agus sin bun agus barr an scéil . . .'

'Céard é féin?' a d'fhiafraigh an Ridire. Bhí imní air anois.

'Cad is ainm duit? ' arsa'n fear beag liath. 'Cad is ainm duit, a ghiolla ghránna?'

'Ridire an Ghaiscidh!' a d'fhreagair an fear óg. 'Sin é an t-ainm a thug Mór orm agus mé ag imeacht uaithi.'

Léim an rí cúpla troigh san aer. Tharraing sé a chuid gruaige. Chuaigh sé anonn gur stán isteach in aghaidh an Ridire.

'Ridire an Ghaiscidh!' ar seisean agus sceoin air. 'Ridire an Ghaiscidh! An tú mo mhac, dáiríre?'

'Is mé, a athair,' arsa an Ridire.

'Ó bhó,' a dúirt an rí, 'nach fada mé ag fanacht leat? Bhí deireadh dúile bainte agam díot – cá raibh tú go dtí seo?'

'Ní ligfeadh Mór dom imeacht go raibh mé in inmhe fir,' arsa an Ridire.

'Shíl mé gur marbh a bhí tú, nach dtiocfá choíche.'

Bhí an bhean ag gol léi.

'Tá sé anseo anois!' arsa sise.

Chuaigh sí anonn chuig an Ridire.

'Fáilte romhat abhaile, a mhic!'

Rinne sí rud ansin a scanraigh an t-anam as. Rud

nach bhféadfadh sé a bheith ag dréim leis, beag ná mór. Rug sí greim bharr a dhá lámh air, d'fhliuch sí le deora é agus is beag nár mhúch sí le póga é. Ansin, thriomaigh sí le gruaig a cinn agus lena síoda mín agus garbh é.

('Ar m'anam, sin fáilte agus fiche,' a dúirt an Ridire leis féin. 'Shílfeá go raibh sí seo sásta mé a fheiceáil . . . Mo mháthair úr nach bhfaca mé ó rugadh mé!')

'Is leor sin anois,' arsa Rí na hÉireann agus náire bheag air. 'Beidh féasta againn!' a d'fhógair sé. 'Ní gach lá a fhilleann mo mhac agus é ina ábhar gaiscígh!'

Leis an fhírinne a rá, bhí an Ridire dúthuirseach. Ba bhreá leis dul a luí. Ach níor dhúirt sé tada. Chuir an rí cuireadh ar mhaithe agus ar mhóruaisle an cheantair teacht chuig an chaisleán. Réitigh na searbhóntaí an halla mór agus bhí féasta acu a mhair go maidin.

Mar is iondúil i gcás mar seo, chaith siad trian den oíche le fiannaíocht, trian den oíche le scéalaíocht agus an trian deiridh le bia agus deoch. Bhí cupán meala acu le chuile ghreim agus gan greim ar bith cor go maidin lá arna mhárach. Bhí an-chathú ar an Ridire a cheann a chur síos ar an tábla agus titim thart ina chodladh, ach ní dhearna. Bhí an oiread sin daoine ag iarraidh caint leis nach raibh faill aige a dhá shúil a dhruidim ar a chéile.

Le bánú an lae, d'imigh na haíonna abhaile. Thit an Ridire isteach i leaba álainn chluimrí a réitigh a mháthair dó. An uair amháin a leag sé a chloigeann ar an cheannadhairt, thit a chodladh air. Luigh sé ansin ina chnap codlata, é ag srannadh mar a bheadh cráin mhuice ann go ceann dhá lá.

3. Téann amach sa saol

Thug an Ridire faoina shaol nua ansin. B'aisteach leis mar shaol é. Gach maidin, d'fhiafraíodh sé den rí céard ba chóir dó a dhéanamh an lá sin.

'Aon rud is mian leat, a mhic,' a d'fhreagraíodh an t-athair. 'Aon rud a oireann do ghaiscíoch óg.'

An chéad lá, shiúil sé thart ar an eastát. Maidin lá arna mhárach, chuimhnigh sé ar na scéalta fiannaíochta a bhíodh ag Mór. Dúirt sé go rachadh sé ag fiach ar an sliabh. Thug sé leis gunna agus ghlaoigh ar sheanchú a athar nár chorraigh as an luaith le leathchéad bliain roimhe sin. Cé go bhfaca an Ridire cúpla coinín agus fia rua thuas ar an sliabh, níor chaith sé aon urchar leo. Tháinig sé abhaile agus shuigh sé ar an chathaoir agus chuir sé osna a bhí ard go leor chun an gabhal éadain ab fhaide uaidh ar an teach a bhriseadh.

'Cad é atá ort, a mhic?' a d'fhiafraigh a mháthair.

'Tada,' a dúirt sé go mall. 'Tada ar bith!'

'Rachainn i mbannaí air gur mac rí faoi gheasa thú inniu,' arsa a mháthair. 'Tá ualach éigin ar do chroí.'

Bhí an Ridire ag cuimhneamh ar na laochra sna seanscéalta a d'insíodh Mór dó. Bhí sé ag cuimhneamh ar ar dhúirt Mór faoi Ghlúin Dubh. Bhí sé ag cuimhneamh ar a ainm úr féin, an t-ainm a thug a athair air i ndúil is go mbeadh sé ina ghaiscíoch.

'Níl geasa ar bith orm, a mháthair, ach an geasa a chuirfeas mé féin orm,' a d'fhreagair sé go dána.

Sheas sé suas. Bhí a fhios aige cad é a bhí le déanamh aige. Is minic a chuala sé é. Tháinig na focail chuige go réidh.

'An dara suí ní bhéarfainn ar aon chathaoir, ná an dara oíche ní chodlóinn ar aon leaba, ná an dara greim ní íosfainn ar aon bhord, go mbeidh a fhios agam cén fear is fearr, mé féin nó Glúin Dubh sa Domhan Thoir,' a d'fhógair sé.

Thit aghaidh a mháthar. Níor thaitin an chaint seo léi ar chor ar bith.

'Coinneoidh mise sa chaisleán seo go ceann seacht mbliana eile thú, a mhic,' a dúirt sí. 'Tá neart fairsinge anseo. Ní gá duit an dara suí ar aon chathaoir, ná an dara oíche ar aon leaba, ná an dara greim ó aon bhord go mbeidh an t-achar sin thuas.'

Rinne an Ridire gáire. Níor mhaith lena mháthair é imeacht. Níor mhaith leisean í a fhágáil arís ach an oiread. Ach ní raibh neart aige air. Bhí seo le déanamh aige má bhí sé le foghlaim conas a bheith ina ghaiscíoch.

Chroith sé a cheann lena mháthair. Diabhal neart a bhí aige air uaidh seo amach.

'Nóiméad ní fhanfaidh mé anseo ach m'aghaidh a thabhairt ar a bhfuil romham an chéad rud maidin amárach,' ar seisean.

Maidin lá arna mhárach, a luaithe is a d'éirigh an lá, d'éirigh Ridire an Ghaiscidh. Chuir sé air a chuid éadaí agus chuimil sé bos dá éadan. Thug sé a aghaidh ar an ghrian agus a chúl ar an ghaoth agus d'iarr sé ar Dhia é a chur ar bhealach a leasa.

Agus é ar tí an caisleán a fhágáil, chuimhnigh sé ar roinnt acraí a bheadh ag teastáil uaidh má bhí sé le bheith ina ghaiscíoch. Chuir sé ceist ar an rí cá bhfaigheadh sé na rudaí a bhí uaidh.

'Tá a bhfuil uait ag fanacht leat anseo ón lá a rugadh tú,' ar seisean.

Thug sé a mhac isteach i seomra agus thaispeáin na hacraí ar fad dó. Gheit croí an Ridire nuair a chonaic sé gach rud spréite amach ansin.

Bhí a fhios aige anois go raibh an ceart aige imeacht.

('Seo mo shaol agus mo shaothar,' ar seisean leis féin. 'Tá seo le déanamh agam.')

Rug sé ar a dhá bhuataisín cridimeach craideamach. Rug sé ar a dhá spor géar gléigeal, iad daite le hairgead Spáinneach. Rug sé ar a chlaíomh a bhí fibearnach faibearnach, an faobhar géar ag glioscarnaigh faoi sholas na gréine. Chuir sé air a chulaith ghaisce ildaite, na snáithíní óir ag spréacharnaigh ó bhun go barr inti.

('Tá cuma ghaiscígh orm anois cibé ar bith,' ar seisean leis féin. 'Feicfimid linn!')

Ansin, d'fhág sé slán ag a thuismitheoirí. Bhí an mháthair réidh chun é a fhliuchadh le póg arís.

'Ná déan! Ná déan!' a scairt sé léi. 'Mo chulaith dheas úr! Ná scrios, a mháthair!' D'imigh sé leis ina rith.

Bhuail sé síos ar bhruach na trá agus d'amharc amach chun farraige. Bád a bhí uaidh. Céard a dhéanfadh na leaids i scéalta Mhór? Chuaigh sé anonn chuig an chlaí gur bhain píosa de mhaide bheag. Chaith uaidh an maide amach san fharraige. Láithreach bonn, rinne sé bád chomh breá is a shnámh farraige riamh.

'Bhó hó!' a scairt sé agus iontas air. 'Oibríonn sé!'

Bhí a fhios aige cad é an chéad rud eile a bhí le déanamh aige. Bhí sé cloiste aige go minic. Chuir sé a ghualainn leis an bhád ansin agus chuir iomaire agus seacht n-acra i bhfarraige í. Chuaigh sé seacht gcoiscéim ar a chúl agus seacht gcoiscéim ar a aghaidh agus d'éirigh sé den talamh agus chuaigh sé de léim ar bord an bháid. D'ardaigh sé suas na seolta móra pocaideacha pacaideacha lán mara. Níor fhág sé téad gan tarraingt, almadóir gan briseadh ná maide rámha gan róbhriseadh. D'amharc sé thar an taobh.

'An bhfuil an gaineamh mín in uachtar agus an gaineamh garbh in íochtar go fóill?' a dúirt sé, ag magadh faoi féin. Bhí sin.

Ar nós gach laoch eile, chuir sé iasc na farraige trína

chéile agus tharraing toibreacha fíoruisce ar bharr na farraige gur thug sé aghaidh a shoithigh amach in aghaidh na farraige fíormheasctha domhain. Bhí ceol binn ag an fhaoileán ó thús na loinge go deireadh na loinge ag coinneáil ceoil le Ridire an Ghaiscidh, díreach mar ba chóir.

Bhí sé ag seoladh leis ar an dóigh sin seacht lá agus seacht n-oíche nó go bhfaca sé talamh i bhfad uaidh is ní i ngar dó. Tharraing sé suas an bád ar chaladh mín, an chéad long as Éirinn riamh a tháinig i dtír san áit sin. Caladh breá foscúil a bhí ann agus níor bhaol do ghaoth an Ridire a bhualadh ná grian a scoilteadh ná sruthán a shlíocadh fhad is a bhí sé ansin. D'fheistigh sé go maith an bád, gan a fhios aige cá fhad a bheadh sé ansin.

Léim sé anuas den bhád ansin.

'Siúlfaidh mé píosa den oileán,' a dúirt sé, 'go bhfeicfidh mé cad é atá ann.'

4. An fathach mór agus an bhean óg

Shiúil Ridire an Ghaiscidh leis síos an t-oileán. Níorbh fhada go bhfaca sé slua mór daoine i lár páirce. Thug sé a aghaidh ar an slua. Chas bean leis agus í ag teacht aníos ón pháirc. D'fhiafraigh sé di cén bailiúchán daoine a bhí ansin.

Chuir an bhean straois uirthi féin.

'An as an aer a thit tusa nó an as an talamh a d'éirigh tú? a d'fhiafraigh sí go tarcaisneach de.

Rinne an Ridire gáire.

'Ceachtar acu sin, a bhean uasal,' ar seisean. 'Isteach ón fharraige a sheol mise!'

'Mar sin de, inseoidh mé duit cad é atá ag dul ar aghaidh,' arsa an bhean. 'Tá bean óg thíos ansin ag fanacht le fathach mór a theacht agus í a thabhairt chun bealaigh. Tá chuile dhuine cruinnithe ansin ag breathnú uirthi.'

Chuimhnigh an Ridire ar scéalta Mhór. D'éirigh sé agus chuaigh de léim isteach sa pháirc san áit a raibh an bhean óg ina suí. Bhí sí cromtha is í ag bogchaoineadh.

'Cén fáth a bhfuil tú ag caoineadh?' a d'fhiafraigh sé.

D'amharc an bhean óg suas. Dar leis, tá sí seo go hálainn!

'Is fearr duitse imeacht agus gan bacaint liomsa,' a dúirt sí. 'Cé thú féin cibé?'

Sheas an Ridire suas. Chuir sé na méara trasna ar a chéile taobh thiar dá dhroim.

'Is gaiscíoch as Éirinn mise, a bhean uasail, agus is maith liom fios a bheith agam cén fáth do chaointe,' a dúirt sé go húdarásach.

Stad sí de bheith ag caoineadh.

'Is mise,' ar sise, 'iníon Rí na Tuircéise Móire. Bhí dhá bhean déag de chlann iníon againn ann agus tháinig fathach mór chugainn as an Domhan Thoir. D'ordaigh sé do m'athair bean dá chuid iníonacha a thabhairt chuig an pháirc seo ar an lá áirithe seo chuile bhliain. Tá mo chuid deirfiúracha uilig scuabtha chun bealaigh aige go mise, agus tá mise anseo inniu. Níl a fhios againn beo céard atá sé a dhéanamh linn ach creidim nach rud maith é!'

Bhris an gol uirthi. Bhog croí an Ridire. Ní raibh aon taithí aige ar mhná óga ach bhí sí seo go deas, ródheas len í a thabhairt suas chuig fathach mór gránna!

'Ní baol duit,' a dúirt sé go cróga. 'Ní ardóidh aon

fhathach leis thú inniu go mbeidh a fhios aige cé againn is fearr, mise nó eisean.'

'Is fearr duit imeacht leat,' arsa an bhean óg. Shuigh an Ridire síos taobh léi. Shuaimhnigh sí rud beag. I gceann tamaill, bhreathnaigh sí thart agus chonaic an fathach ag teacht. Chonaic Ridire an Ghaiscidh ag teacht freisin é. Ar nós na bhfathach uilig, bhí cnoc de thruslóg agus gleann de choiscéim aige gur tháinig sé de léim isteach san áit a raibh iníon an rí ina suí.

Rug sé ar ghualainn uirthi agus dúirt, 'An dtiocfaidh tú in éineacht liomsa?'

Rug Ridire an Ghaiscidh ar an ghualainn eile aici.

'Beidh ort troid ar a son!' a dúirt sé suas le béal an fhathaigh.

'Beidh, muise!' a d'fhreagair an fathach agus colg air.

Tharraing sé a lámh mhór throm ansin agus bhuail smuitín i mbun na cluaise ar Ridire an Ghaiscidh agus chuir ar mhullach a chinn é. Chroith an Ridire é féin. Níor thráth suí é seo aige. D'éirigh sé ina sheasamh agus bhuail an fathach sa cheann.

'Feictear dom,' arsa an fathach, 'go bhfuil do bhuille níos troime ná buille gasúir!'

Leis sin, lig sé racht gáire a bhain macalla as na cnoic máguaird.

'A chuileoigín bhig dhána,' ar seisean. 'Cé acu is fearr leat cruachoraíocht nó cur claíomh i mbarr easnacha a chéile?'

Bhí an Ridire trína chéile ar feadh bomaite.

'Is fearr liom,' a chuala sé é féin dá rá,' troid le mo chlaíomh, mar is é a chleachtaigh mé riamh ag baile.'

(Bréag mhór mhillteach eile. Méara trasna arís!)

Thosaigh siad ag troid ansin, mar a d'ionsódh dhá reithe nó dhá tharbh nimhe ar chiumhais an tsléibhe a chéile. Naoi n-oíche agus naoi lá a chaith siad ag troid is ag marú a chéile agus is iomaí duine a tháinig ag breathnú orthu. Mar a bheifí ag dréim leis, rinne siad bogán den chruán agus cruán den bhogán is ní bheadh a fhios agat cé acu ab fhearr nó ba mheasa. Ní raibh aon phioc difir eatarthu.

Nuair a bhí Ridire an Ghaiscidh ag cailleadh nirt agus misnigh, tháinig spideog ar an chlaí taobh leis.

'A mhic an rí,' a scairt an spideog, 'is dona an áit í seo le haghaidh do bháis. Níl fear do shínte ná bean do chaointe anseo, cuma cé acu mac an rí nó fear bocht gan pingin rua thú!'

Sin é an uair a chuimhnigh Ridire an Ghaiscidh air féin.

('Seo an t-am anois agam chun na trí chor a thabhairt dó,' a smaoinigh sé, 'gan aon útamáil ar bith!)

Chaith sé uaidh a chlaíomh agus d'fháisc isteach faoin fhathach. An chéad chor a thug sé, chuir sé go dtí na glúnta é, an dara cor go dtína bhásta agus an tríú cor go dtína ascaill. Thóg sé tamall ar an fhathach teacht chuige féin. Bhí mearbhall air. Bhí míobhán ina cheann.

'Fóill ar do lámh!' a scairt sé. 'Is tú an gaiscíoch is fearr dá bhfaca mé riamh!'

('Bhó hó, tá liom,' a deir an Ridire leis féin.)

'Cad é a thabharfas tú dom má ligim leat?' a d'fhiafraigh sé go bagrach.

'Bhéarfaidh mé duit leath mo ríochta!' a d'ofráil an fathach.

'Leath do ríochta, ar oileán beag i lár na farraige móire!' a dúirt an Ridire go sotalach. 'Níl sé uaim!'

(D'éist sé leis na focail sin ag teacht óna bhéal. Gheit sé. Bhí sé ag cur iontais air féin.)

Stán an fathach air. Bhí iontas airsean chomh maith. Rinne sé tairiscint eile.

'Bhéarfaidh mé duit mo shlat draíochta a dhéanfas beo de mharbh, agus mo chlaíomh solais a dhéanfas solas sa dorchadas.'

'Cá bhfuil do shlat draíochta agus do chlaíomh solais?' a dúirt an Ridire go borb ar ais leis.

'Tá siad faoin leac ghlas atá i gcúinne na páirce úd thall, má tá tú in ann í a thógáil!'

'Scéal cráite ort, a liúdramáin, shílfeá rud ar bith a bhí tusa in ann a thógáil go mbeinnse in ann a thógáil!'

'Is dócha gur fíor duit an méid sin,' arsa an fathach mór. 'Bain triail as go bhfeicfidh tú!'

Ní bhfuair an Ridire an oiread anró riamh ach an leac mhór sin a thógáil. Nuair a shíl sé breith ar an chlaíomh, lig sin scréach as agus d'fhéach leis an cheann a bhaint de. Léim sé siar go beo.

'Breast thú!' a dúirt sé. 'Níl an ridire seo ach i dtús a shaoil, róluath chun go mbainfí an ceann de go fóill!'

Chrom sé síos arís agus d'éirigh leis breith ar an chlaíomh. Shiúil go dtí an fathach mór ansin agus d'fhiafraigh de cén áit a bhféadfadh sé faobhar a chur ar lann an chlaímh.

'Faigh an bloc is gránna is féidir leat a aimsiú,' a dúirt an fathach go fonóideach ar ais leis.

Spréach an Ridire.

'Níl bloc ar bith níos gránna ná do bhloc féin,' a scairt sé, ag bualadh an fhathaigh i gceann a mhuiníl ó mhaol na gcluasa anuas leis an chlaíomh. Thiomáin sé ceann an fhathaigh suas san aer, é ag feadaíl ag dul suas agus ag gabháil fhoinn ag teacht anuas. Shíl an ceann teacht ar ais ar an cholainn ach dheisigh an Ridire a chlaíomh ina dheaslámh agus bhuail arís é.

'Is olc an mhaise duit,' a deir an ceann, 'má théimse ar an cholainn chéanna seo arís.

Lig Ridire an Ghaiscidh goldar mór ard as.

'Ní le tú a ligean suas arís a bhain mise anuas thú an chéad uair,' a bhéic sé.

Sháigh sé an claíomh isteach i gcluas chlé an chinn agus tharraing isteach gur chaith i bpoll uisce i ngarraí an rí é. Bhí an cailín óg ag rith ina dhiaidh agus d'iarr sí air teacht isteach i dteach an rí. Ní fáilte rómhór a chuir an rí roimpi an uair a tháinig sí isteach.

'Cén fáth a bhfuil tusa anseo?' a scairt sé. 'Cén fáth

nár fhan tu thíos sa pháirc go dtiocfadh an fathach chun tú a thabhairt leis? Ar ndóigh, níl muide á iarraidh abhus anseo!'

'Ó, a athair, tá ceann an fhathaigh i bpoll uisce amuigh sa gharraí,' a dúirt an cailín agus sceitimíní uirthi. 'Mharaigh an gaiscíoch óg seo é!'

'Bhuel, mharaigh má mharaigh,' arsa an rí.

Amach leis ag breathnú ar an cheann a bhí sa gharraí. Nuair a chonaic sé é, scrúdaigh sé go mion é agus ansin chuaigh sé ag damhsa thart mar a bheadh fear mire ann. D'oscail sé a bhéal agus rinne sé gáire chomh mór sin go bhfaca gach duine an dúradán dubh a bhí thíos ar bhun a phutóige.

'Is tusa an gaiscíoch is mó a chonaic mé riamh,' a dúirt sé le Ridire an Ghaiscidh. 'Shábháil tú sinn ar an bhithiúnach sin! Aon rud is mian leat mar luach saothair, níl le déanamh agat ach é a lua. Aon rud is mian leat!'

('Aon rud is mian liom!' a deir an Ridire leis féin. 'Ceann Ghlúin Dubh i bpoll eile uisce b'fhéidir . . . ?')

Ghabh sé buíochas leis an rí. Dúirt go raibh sé sásta a bheith in ann cabhrú leo, go raibh sé tuirseach, traochta, spíonta tar éis na troda, gan uaidh anois ach leaba agus codladh sámh go ceann i bhfad.

5. Triúr Fathach

An chéad mhaidin eile, d'éirigh Ridire an Ghaiscidh go luath. D'ith sé a bhricfeasta agus thosaigh ag déanamh réidh le cur chun bealaigh arís. Chun a bheith ionraic faoi, bhí cathú mór air fanacht i dteach an rí agus saol breá sócúil a bheith aige ansin. Ach bhí macalla an ní a dúirt Mór faoi Ghiolla Dubh ag dó na geirbe ann i gcónaí. Bhí a fhios aige go raibh air imeacht leis sa tóir ar an leaid sin, é féin a phromhadh ina ghaiscíoch. Níor bheag eachtra seo an fhathaigh mar chéad chéim. Bhí misneach úr aige dá bharr.

Ní raibh iníon an rí sásta. Dúirt sí leis fanacht acu, ón uair a shábháil sé ar an fhathach í nár mhór dó í a phósadh. Dúirt Ridire an Ghaiscidh nach bpósfadh sé aon bhean go deo nó go dtiocfadh sé ar ais tar éis a aistir.

(Ba í seo an chéad bhean óg a chonaic sé riamh ina shaol. Níorbh ionann í agus Mór! Smaoinigh sé dó féin. Cailín deas go leor a bhí inti. Rud beag tiarnach, b'fhéidir? Níor dhúirt Mór aon ní mar gheall ar na mná.)

Bhí cuma an-díomách ar an chailín. Níor mhaith leis an Ridire í a bheith mar sin.

'Má thagaim ar ais slán,' ar seisean, 'pósfaidh mé ansin thú.'

B'éigean di teacht leis sin. D'fhág an Ridire slán is beannacht acu agus d'imigh síos go dtí an caladh, áit a raibh a shoitheach ar ancaire. Rinne sé an cleas céanna ansin is a rinne an iliomad gaiscíoch roimhe.

Chuir sé a ghualainn leis an bhád agus chuir iomaire agus seacht n-acra i bhfarraige í. Chuaigh sé seacht gcoiscéim ar a chúl agus seacht gcoiscéim ar a aghaidh agus d'éirigh sé den talamh agus chuaigh sé de léim ar bord an bháid. D'ardaigh sé suas na seolta móra (pocaideacha pacaideacha) lán mara. Níor fhág sé téad gan tarraingt, almadóir gan briseadh ná maide rámha gan róbhriseadh gur chuir sé an gaineamh mín in uachtar agus an gaineamh garbh in íochtar. Chuir sé iasc na farraige trína chéile agus tharraing toibreacha fíoruisce ar bharr na farraige gur thug sé aghaidh a shoithigh amach in aghaidh na farraige fíormheasctha domhain. Ar ndóigh, bhí ceol binn ag an fhaoileán ó thús na loinge go deireadh na loinge ag coinneáil ceoil leis!

Thug an Ridire a aghaidh ar an fharraige mhór. Bhí sé ag seoladh leis seacht lá agus seacht n-oíche nó go bhfaca sé talamh i bhfad uaidh is ní i ngar dó. Tháinig sé i dtír agus is é a bhí sásta talamh tirim a bheith faoina chosa aige. Shiúil sé an t-oileán agus ní fhaca sé duine beo ná marbh in aon áit. Agus é thíos ag bun an oileáin, chas teach amháin leis agus chuaigh sé isteach ann. Bhí bord leagtha i lár an urláir agua trí chathaoir thart timpeall air agus chuile shórt beatha dá fheabhas ar an bhord agus gan duine ná deoraí le feiceáil in aon áit.

'Cibé cé a réitigh an bheatha seo, íosfaidh mise greim nó ta mé stiúgtha leis an ocras,' a deir Ridire an Ghaiscidh, ag suí síos ar chathaoir ag an bhord.

Ní raibh ite aige ach trí ghreim nuair a tháinig triúr fathach mór isteach ar an doras. B'uafásach an radharc iad. Bhí siad streallta stróicthe agus a gcuid feola síos go talamh leo amhail is gur ag filleadh ó chath fuilteach éigin a bhí siad. Lá aird níor thug siad ar an Ridire ach chuaigh suas sa seomra gan focal ar bith a labhairt.

'Dar fia, is buachaillí móra iad seo!' a smaoinigh an Ridire. 'Cad leis a bhfuil an namhaid s'acu cosúil agus iadsan ag breathnú mar seo? Ní tráth suí domsa é seo!'

Isteach leis faoin bhord le teann faitís roimh na fathaigh. Is gearr gur tháinig an triúr aniar as an seomra. Shuigh gach duine i gcathaoir dó féin timpeall an bhoird.

'Feictear dom,' a deir an chéad fhathach, 'gur blaiseadh greim as mo chácasa.'

'Feictear domsa gur baineadh bolgam as mo thaesa,' arsa an dara fathach.

'Sílim,' a deir an fathach eile, 'go bhfaca mé feithideach beag gránna ag an bhord nuair a tháinig muid isteach. B'fhéidir gur isteach faoin bhord a chuaigh sé?'

Chrom sé síos agus thug amach ar a lámh an Ridire. Leag ar a ghlúin é.

'B'fhéidir go bhfuil ocras ort, a ghasúirín,' a deir sé ag spochadh as. 'Ar mhaith leat píosa aráin?'

'Lig amach mé, tá mise in ann bia a shaothrú dom féin,' a dúirt Ridire an Ghaiscidh ag iarraidh a ghlór cinn a dhéanamh domhain fearúil.

'An bhfuil anois?' arsa an fathach agus é ag gáire.

'Ligigí amach mé!' a dúirt an Ridire. Mhothaigh sé áiféiseach ina shuí ansin mar a bheadh bábóigín ar ghlúin an fhathaigh mhóir.

'Is dalba an feairín beag é!' arsa an dara fathach.

'Is spóirtiúil!' arsa an tríú duine.

'Ligigí amach mé, a deirim!' arsa an Ridire.

'Ith greim bia!' arsa an chéad fhathach. 'Ní mór ná go bhfuil ocras ort.'

('Shílfeá nach raibh dochar ar bith iontu,' a smaoinigh sé. 'Bhéarfaidh mé a ndúshlán go bhfeicfidh mé!')

Sheas sé suas ar lámh an fhathaigh. Labhair amach go dána.

'Ní íosfaidh mé ná ní ólfaidh mé aon bhlas go mbeidh a fhios agam cén fáth ar tháinig sibhse isteach agus bhur gcuid feola síos go talamh libh. Agus cad é mar a tharla sé nuair a tháinig sibh anuas as an seomra go raibh sibh in bhur bhfir bhreátha arís!'

Tháinig smúid ar na fathaigh.

'Muise,' a deir duine acu, 'Cén mhaith dúinn é a insint duit?'

'Mura ndéanann maith ní dhéanann olc,' ar seisean.

'Ó, muise, ' a deir an dara fathach, 'maith nó olc, cén mhaith dúinn é a insint duit?'

'Inseoidh mise duit é,' arsa an tríú fathach. 'Seo oileán na Tuircéise Bige. Triúr deartháir is ea muide agus bhí trí oileán mar seo againn lá den saol. Bhí an bheatha ag teacht ó neamh chugainn mar a chonaic tú romhat anseo. Cruinníodh orainn agus baineadh oileán dínn agus is gearr gur baineadh an t-oileán eile dínn agus tá siad ag iarraidh an t-oileán seo a bhaint dínn anois. Táimid dá marú ina mílte gach lá agus bíonn siad beo romhainn arís an lá dár gcionn.'

'Mo lámh is m'fhocal daoibh go dtabharfaidh mise scíth daoibh amárach,' arsa Ridire an Ghaiscidh go calma.

'Tabharfaidh má thugann,' arsa an chéad fhathach. 'Scíth atá uainn, ceart go leor!'

'Cén dóigh a dtig leatsa tabhairt fúthu?' a d'fhiafraigh an dara fathach.

'Lig leis,' arsa an tríú duine. 'Ba bhreá liomsa lá sa leaba!'

An chéad mhaidin eile, a luaithe is a d'éirigh an lá, d'éirigh Ridire an Ghaiscidh. Réitigh sé é féin amach in arm is in éide agus nuair a bhí sé ag dul amach an doras d'fhiafraigh sé de na fathaigh cén áit a bhfaigheadh sé an namhaid.

'Scéal bán ort,' a deir fear acu, 'an áit a bhfuil muide ag dul le bliain is fiche go bhfuil cosán ann.'

'Is fíor duit é,' arsa Ridire an Ghaiscidh agus as go brách leis.

Chuaigh na fathaigh ar ais a luí.

6. Foghlaimíonn conas a bheith ina Laoch

Shiúil Ridire an Ghaiscidh leis ar an chosán a bhí déanta ag na fathaigh le bliain agus fiche roimhe sin. Moilleadóireacht ní dhearna sé ach shiúil roimhe go tapa. Go moch maidin lá arna mhárach, shroich sé páirc ina raibh na mílte daoine, iad uilig armtha agus réidh chun troda. Rug an Ridire greim ar a chlaíomh láithreach agus thosaigh ag gearradh roimhe agus ina dhiaidh. Leag sé iad ina nduine agus ina nduine. Chuaigh sé tríothu mar a rachadh seabhac trí ealta éan agus ní raibh duine fágtha ina sheasamh aige ar a dó dhéag.

'Maidin mhaith oibre!' arsa Ridire an Ghaiscidh. 'Is cosúil go bhfuil mé ag foghlaim na ceirde seo!'

Shuigh sé síos ag ligean a scíthe.

'Anois,' a deir sé, 'ní imeoidh mé as seo go mbeidh a fhios agam cé atá dá dtabhairt seo ar ais chun beatha.'

Níorbh fhada dó go bhfaca sé gearrán bán ag teacht

agus fear ag marcaíocht air. Bhí pota beag íocshláinte ina láimh ag an fhear sin agus scuab. B'iúd é ag dul thart trí shlua na marbh agus ní raibh aon duine dá raibh sé ag caitheamh braon den íocshláinte air nach raibh ag éirí chomh beo is a bhí sé riamh.

Bhí Ridire an Ghaiscidh ag breathnú ar an duine sin go ceann tamaill. Ansin dúirt leis féin, 'Maith mar atá tú, a bhoic ó, is gearr go mbeidh an obair chéanna seo le déanamh agat arís!'

Léim sé ina sheasamh agus rug greim ar a chlaíomh. Thosaigh sé ag scuabadh na gcloigne de na daoine arís, duine i ndiaidh duine, de réir mar a bhuail sé leo. An fear a raibh an pota íocshláinte aige, nuair a shíl sé go raibh gach duine beo arís, bhí siad marbh ag Ridire an Ghaiscidh taobh thiar dá dhroim.

Bhuail an Ridire buille den chlaíomh mór trom ar an fhear é féin ansin. Thit an pota óna lámh. Thit sé féin ina chnap marbh sa mhullach anuas air.

'Yipí!' a scairt an Ridire. 'Tá deireadh leat, a ghiolla an phota bhig!'

Chuala sé trup taobh thiar de. D'fhéach sé thart. Cé a bhí ansin ach an gearrán bán, é thuas ar a chosa deiridh réidh le hionsaí a dhéanamh air féin.

'Bhó!' a bhéic sé. 'Gabh siar, a bhithiúnaigh mhíofair. Ní dhearna mé aon rud ortsa!'

Ní raibh aon rún ag an ghearrán dul siar. Tháinig sé ar ais chun cic a bhualadh ar an Ridire. Ní raibh aon bhuille dá raibh an Ridire ag bualadh ar an ghearrán nach raibh seisean dá leagan le cic. Chuaigh sé crua ar an Ridire fáil isteach taobh lena namhaid chun lann an chlaímh a shá isteach ann. B'éigean dó a bheith ag dul anonn agus anall nó gur éirigh leis buille den chlaíomh a thabhairt isteach sa bholg dó, rud nár fhág deoir ann.

Sheas sé siar ansin, ghlan lann an chlaímh ar an fhéar agus shuigh síos ar chloch mhór a bhí ann.

'Ceart go leor go n-uige seo!' ar seisean leis féin. 'Ach is dóigh liom nach bhfuil an scéal seo ach ina thús.'

Dar leis, d'fhanfadh sé tamall eile go bhfeicfeadh sé an dtiocfadh aon bhlas eile ina threo.

Níorbh fhada go bhfaca sé gabhairín maol ag teacht an bealach. Bhí pota beag íocshláinte ag an ghabhairín agus é ag tumadh a smig síos ann. Chaitheadh sé braon de ar chuile chorp a bhí ina luí ar an pháirc agus dhéanadh beo arís iad.

'Fóill ort, a ghabhairín ghránna,' a scairt an Ridire. 'Is beag an baol orm ligean duitse an oiread céanna fear a dhéanamh beo is a lig mé don ghearrán.'

Thosaigh siad ag troid ansin. Ní raibh aon bhuille dá raibh an gabhairín ag tabhairt do Ridire an Ghaiscidh nach raibh sé ag tabhairt cuid feola an fhir óig ina ribíní leis. Bhí sé ag cinneadh ar an Ridire barr a chlaímh a chur tríd an ghabhairín le teann salachar agus brocamas a chuid fionnaidh. Babhta dár leag an gabhairín é le buille a bhuail sé air, d'éirigh an Ridire ina sheasamh le teann feirge agus lig goldar mór míofar as. Thug sé fogha isteach faoin ghabhar gur chuir barr an chlaímh i mbonn a cheathrú deiridh agus stróic amach é go dtí a ucht. Níor fhág deoir ann. Thit an pota íocshláinte chun talaimh. Thit an gabhairín ina chnap marbh sa mhullach anuas air.

'Tá deireadh leat, a ghabhairín ghroí,' arsa Ridire an Ghaiscidh. 'Ba thusa an namhaid ba threise go n-uige seo!'

Shuigh sé síos ag ligean a scíthe. Ní raibh faill aige a anáil a tharraingt go bhfaca seanchailleach ag teacht an bealach. Bhí chuile 'fá fá féasóg' léi agus nuair a chonaic sí an Ridire chuir sí cár uirthi féin.

('Seo trioblóid mhór chugam anois,' a deir sé leis féin.)

'Fan mar a bhfuil tú, a smuilcín,' a scairt sé léi. 'Ní ligfidh mé duit duine ar bith acu seo a dhéanamh beo arís go rachaidh mise fá do dhéin.'

'Dar a bhfuil ar an saol seo, is tú a mharaigh mo chlann is mo mhuintir is mo sheanghearrán bán is mo ghabhairín maol ba mheasa liom ná an méid sin uilig, is maróidh mise thú féin anois,' a scread an chailleach in ard a gutha agus a cinn.

'A chailleach ghránna, maróidh tú mise, a deir tú . . . beidh obair agat!' a d'fhreagair an Ridire go magúil.

('A thiarcais ó! Éist liomsa!' a smaoinigh sé. 'Tá mé ag teacht isteach ar an ealaín seo gan dabht!')

D'ionsaigh an bheirt a chéile i mbarr faobhair. Ní

raibh aon bhuille dá raibh an Ridire ag tarraingt ar an chailleach nach raibh sí dá cosaint féin lena sáil, agus ní raibh aon scríob a bhí sí a thabhairt dó lena hingne nach raibh sé ag tabhairt na feola amach ón chnámh inti. D'éirigh leis dul ar a cúl agus bhuail i gcúl a cinn í le dorn an chlaímh agus níor fhág sé deoir inti.

Dúirt sé leis féin ansin go mbeadh sé ag giorrú an bhealaigh agus mura raibh aon duine eile le teacht gur leor an méid sin a fhágáil ina dhiaidh.

'Ní beag sin mar lá oibre!' a dúirt sé ag breathnú thart ar an pháirc agus d'imigh leis, é breá sásta leis féin.

7. Trasphlandú croí!

Shiúil an Ridire leis agus é ar a sháimhín só. Bhí sé breá sásta leis féin. Níor chas rud ar bith dó gur tháinig sé a fhad le teach ag taobh an bhóthair. Bhí an doras ar oscailt agus isteach leis. Ní fhaca sé éinne istigh ach cat a bhí ina luí sa luaith. D'amharc an cat air agus nuair a d'éirigh sé ina sheasamh, chroith sé trí thonna luaithe as féin.

'Óra, muise,' arsa an cat, 'a sheanphleota bhradaigh, tá mé anseo ag fanacht leat! Is tú a mharaigh mo mháthair is m'athair agus mo chlann is mo mhuintir. Is tú a mharaigh mo sheanghearrán bán agus mo ghabhairín maol ba mheasa liom ná an méid sin uilig. Ach maróidh mise thusa anois!'

Lig an cat gnúsacht as agus rinne é féin a shearradh.

('Ní maith liom an chuma atá air seo,' a deir an Ridire. 'Ní cuma pheata atá air!')

'Scéal cráite ort, a chaitín ghránna, cén chaoi a marófá mise?' a scairt sé ar ais leis an chat go cróga.

Ní luaithe na focail sin ráite aige ná bhí an cat chuige, é chomh mór le capall. D'ionsaigh siad a chéile. Bhí siad ag troid leo go fíochmhar. Ní raibh aon scríobadh a bhí an cat a thabhairt don Ridire nach raibh sé ag tabhairt na feola ón chnámh leis. Chaith siad dhá oíche agus dhá lá ag troid mar sin agus ní bheadh a fhios ag éinne cé acu ab fhearr nó ba mheasa nó gur thit an bheirt acu amach an doras sa deireadh.

Chuir an cat a chrúb isteach idir dhá easna an Ridire agus iad ar leac an dorais. Thug amach a chroí lena chrúb. Nuair a chonaic Ridire an Ghaiscidh a chroí amuigh, dúirt sé leis féin nár mhór dó seiftiú, sin nó go raibh deireadh leis ar fad. Ní dhearna sé ach a lámha a chur isteach i dtaobh an chait agus thug amach a chroí siúd chomh maith. Bhí sé féin agus an cat caillte in éineacht, iad beirt ina luí i slodán fola agus an dá chroí s'acu ina luí ansin ag fuarú ar an talamh taobh leo.

Bhí go maith agus ní raibh go holc. Bhí na trí fathaigh tar éis múscailt i ndiaidh cúpla lá codlata.

'Téimis sa tóir ar an ghaiscíoch a thug scíth dúinn, a dheartháireacha,' arsa an chéad fhathach, 'go bhfeicfidh muid an bhfuil sé beo nó marbh.'

Shiúil leo ansin go dtí an áit a mbíodh siad féin ag troid le bliain agus fiche. Nuair a tháinig siad ann, bhí an oiread sin corpán ina luí marbh ar pháirc an áir gur scanraigh na deartháireacha. Thosaigh siad a dtiontú thart ina nduine agus ina nduine. Cé go raibh siad a chóir cinnte go mbeadh an Ridire i measc na marbh, ní bhfuair siad ann é. Bhris an gol ar na fathaigh ansin mar go raibh aiféala orthu gur lig siad uathu é agus go raibh sé anois caillte.

'B'iontach an gaiscíoch é an feairín beag sin,' arsa duine acu.

'Thabharfadh sé cúnamh dúinn a fhad is a mhairfeadh sé beo,' arsa duine eile.

'Is fíor duit é,' arsa an tríú duine agus thosaigh ag caoineadh arís.

'Téimis go dtí an áit a raibh na daoine seo ina gcónaí,' arsa seisean. 'B'fhéidir go bhfaighimid ansin é, beo nó marbh.'

Shiúil leo go brónach gur tháinig siad a fhad leis an teach ag taobh an bhóthair. Sin é an áit a chonaic said an t-uafás – an Ridire é féin agus an cat, iad beirt ina luí marbh i slodán mór fola.

'Ó bhó!' arsa an chéad fhathach. 'Féachaigí air seo!'

Chonaic siad an dá chroí caite taobh le chéile ar an talamh. Ach ní raibh aon dóigh acu chun croí Ridire an Ghaiscidh a aithint thar chroí an chait.

'Céard a dhéanfaidh muid?' a dúirt an dara fathach.

'Socróimid croí amháin acu isteach ina chliabh go bhfeicfimid!' arsa an fathach is óige.

Leis sin, thóg sé croí den talamh. D'oscail fear acu cliabh an Ridire agus leag siad isteach an croí go cúramach. Chaith siad braon den phoitín íocshláinte isteach ar a bharr. I gceann soicind, d'éirigh Ridire an Ghaiscidh ina sheasamh, é chomh beo beathach is a bhí sé riamh. Bhí ríméad ar na fathaigh. Bhí a ngaiscíoch ar ais ina steillbheatha!

Bhí go maith agus ní raibh go holc. Bhí ardiúmar ar gach duine, go dtí gur rith luchóg trasna na háite a raibh siad ina seasamh. Is gearr go bhfaca an Ridire an luchóg sin. Rith sé ina diaidh láithreach bonn, é ag meabhlaigh leis mar a bheadh cat mire ann!

'Ó hó!' arsa an chéad fhathach, 'Rud éigin cearr anseo, a bhuachaillí!'

'Céard a dhéanfas muid anois?' arsa an dara fathach.

'Níl ach aon rud amháin le déanamh,' arsa an fathach is óige.

Ní dhearna sé ach a chlaíomh mór trom a thógáil os cionn a chloiginn agus é a thabhairt anuas i mullach cheann an Ridire gur mharaigh é. Shocraigh siad a chroí féin isteach ina chliabh ansin agus chaith braon den phota beag íocshláinte anuas air. Léim an Ridire ina sheasamh ar an toirt. Bhí sé chomh beo is a bhí sé aon lá eile ar feadh a shaoil agus is é a bhí sásta na fathaigh a fheiceáil.

'Go raibh maith agaibh, a chairde,' a dúirt sé. 'Murach sibh bhí an gaiscíoch seo criogtha!'

Shiúil siad leo ansin ar ais chuig an áit a raibh na daoine marbh aige. Rinne an triúr fathach iontas den mhéid a bhí cloíte aige, gan ann ach é féin.

'Is iontach an laoch thú, a fhirín bhig chróga!' arsa an chéad fhathach.

'Is tuirseach an laoch mé!' a d'fhreagair an Ridire. 'Tá codladh ag teacht orm. Ná ligigí dom titim i mo chodladh anseo, a fheara. Beirigí ar an chloch mhór sin agus buailigí anuas sa droim orm í. Mura ndúisíonn sí sin mé tá codladh orm go ceann lá is bliain.'

Chroch siad leo an chloch mhór agus bhuail sa droim air í. D'oscail an Ridire súil amháin ach d'fhan sé ina chodladh. Rinne siad é a chroitheadh ach níor mhúscail sé. Rinne siad trup ard ag bualadh a gcuid claimhte ar a gcuid sciath ach níor mhúscail sé. Ní raibh maith ann. Bhí sé ag srannadh leis, ina chnap marbh codlata.

Shocraigh na fathaigh ar dhul abhaile chun rud éigin a fháil a chosnódh ar an bháisteach é, má bhí sé le bheith ina luí ansin amuigh faoin aer go ceann lá is bliain.

8. An tAmadán Mór is a mháthair

Is gearr a bhí na fathaigh imithe ó Ridire an Ghaiscidh gur tháinig Amadán Mór as an Domhan Thoir an bealach. Bhí scéala faighte aigesean go raibh an marú sin déanta agus bhí ciseán mór leis chun na coirp a bhailiú. Pé ar bith duine eile a rachadh síos sa chiseán, ba é Ridire an Ghaiscidh an chéad duine a leag sé isteach ann. Bhí an tAmadán in ann cúig chéad duine a chur isteach ann mar chiseán, bhí sé chomh mór sin. Shiúil leis abhaile ansin agus é breá sásta lena lód.

Bhí an tAmadán stiúgtha leis an ocras nuair a bhain sé an baile amach. Thosaigh sé ag bruith agus ag róstadh agus ag ithe na gcorp go raibh sé ina mhaidin gheal. Nuair a bhí a dhóthain ite aige, ní raibh fágtha ar thóin an chiseáin ach triúr agus chaith sé an triúr suas ar lochta a bhí ansin ag taobh na cistine.

Ansin chuaigh sé anonn chuig a mháthair a bhí ina

luí i leaba in aice na tine. Dúirt léi éirí, go raibh sé ina lá geal.

'Scéal bán ort,' a deir an mháthair, 'is tú an mac is gortaí dá raibh ag aon bhean riamh! Tá tú ag bruith agus ag róstadh ar feadh na hoíche agus níor thug tú aon bhlas domsa.'

'Tá trí ghreim bheag caite suas ar an lochta agam,' ar seisean. 'Róstaigh duit féin iad; tá mise ag dul sa tóir ar ualach eile agus nuair a thiocfas mé ar ais beidh go leor le hithe agat!'

D'éirigh an tseanbhean go mear agus chuir sí an triúr síos ar an róstán. Nuair a theagmhaigh an teas le Ridire an Ghaiscidh, d'éirigh sé de léim as an tine, amach ar an urlár.

'Ó, mo ghrá thú, a bhuachailín álainn,' a dúirt an tseanbhean. 'Ba thrua tusa a ithe! Tá buachaill aimsire uaim le fada an lá chun na timireachtaí beaga a dhéanamh thart fán teach. M'anam gur tusa an buachaill!'

'Níl mise ag dul a dhéanamh tada mar sin duitse, a chailleach!' a d'fhreagair an Ridire.

'Mura bhfuil muis, rachaidh tú ar an róstán arís,' ar sise.

'Ní rachaidh, a rud ghránna,' a deir Ridire an Ghaiscidh,' ach rachaidh tusa tú féin air!'

Rug sí air agus rug seisean uirthi.

Bhí siad ag dul dá chéile ar feadh píosa fada. Dá mhéad dá ndeachaigh an Ridire tríd riamh go dtí sin, thug máthair an Amadáin Mhóir a sháith dó le déanamh sular mharaigh sé í. Stiall sé agus stróic sé í ar theann a dhíchill. Ach, bhí a chuid feola féin agus a chuid fola ag dul go talamh leis de bharr ingne na caillí a bhí sí a shá isteach ann. D'éirigh leis í a mharú sa deireadh agus d'fhág ansin í ina cnap marbh ar urlár na cistine. D'imigh sé leis amach faoi sholas an lae.

('Is iad na seanmhná is deacra a chloí,' a gháirigh sé dó féin. 'Cé a cheapfadh sin?')

Bhí sé ag imeacht leis ansin agus é ag súil nach gcasfadh sé leis an Amadán é féin. Bhí an-droch-chuma air, a chuid éadaí ina ngiobail thíos leis, a aghaidh scríobhtha, stróicthe, a chorp gearrtha ó bhun go barr. Shiúil leis go mall tuirseach gur tháinig a fhad le teach dhá stór. D'amharc an Ridire suas agus chonaic sé ní a chuir a sháith iontais air. Bhí aon bhean déag ag breathnú ina dhiaidh as fuinneog uachtair an tí. Bhí sceitimíní ar na mná sin nuair a chonaic siad fear óg lúfar ag dul thart leo.

'Cuirim geall gur fear as Éirinn é sin,' arsa bean acu.

'Féach an chuma atá air!' arsa bean eile.

'Shílfeá gur as a mheabhair atá sé!' arsa bean eile.

'Ba cheart glaoch air agus an pota beag íocshláinte a chuimilt de!' arsa bean eile.

'Ba cheart cinnte,' arsa bean eile. 'Is mór an trua é!'

'Níl a fhios againn an pota íocshláinte thar an phota nimhe,' arsa bean eile.

'B'fhearr dúinn é a ligean ina bhealach,' arsa bean eile. 'B'fhéidir go maróimis é!'

'Ní deacair dúinn é sin a fháil amach,' arsa bean eile, ag sá a méire isteach i bpota den dá phota a bhí ansin.

Shearg an mhéar láithreach. Thiompaigh dúghorm agus thosaigh ag lobhadh.

Scread na mná.

'Sin an pota nimhe,' arsa an bhean is óige orthu.

Leag a deirfiúr a méar ar an bhloc agus bhuail leis an tua í. Ansin sháigh isteach sa phota íocshláinte í. Bhí an mhéar chomh maith is a bhí sí an chéad lá riamh.

'Tá a fhios againn anois é!' arsa sí.

Rith bean amháin chuig an doras agus ghlaoigh ar Ridire an Ghaiscidh. Tháinig sé isteach. Chruinnigh na mná thart timpeall air. D'amharc sé ó bhean go bean orthu, dá gcuntas.

('Dar m'anam,' ar seisean leis féin, 'aon bhean déag álainn anseo faram, agus gan aon dé fágtha ionam! Nach ait an mac an saol?' Tháinig cotadh air.)

Chuimil bean amháin an pota íocshláinte de. Bhí sé chomh maith is a bhí sé riamh aon lá dá shaol. Lig na mná gáir áthais.

Leag bean acu béile roimhe ansin.

'B'fhéidir go bhfuil ocras ort, a dhuine uasail,' a dúirt sí.

Bhí an-ocras ar an Ridire. Bhí cathú air tabhairt faoin bhéile láithreach. Ach (agus bhí seo ina chrá croí ollmhór in amanna!), ábhar gaiscígh a bhí ann. Bhí rud le fiosrú aige i dtús báire.

'Ní íosfaidh mé aon bhia,' ar seisean, 'go n-inseoidh sibh dom cén fáth a bhfuil sibh istigh anseo agus gan aon duine in éineacht libh.'

D'amharc na mná ar a chéile. Dúirt an bhean is óige go n-inseodh is fáilte.

'Is muide clann Rí na Tuircéise Móire,' ar sise. 'Bhí fathach mór dár dtabhairt chun bealaigh, duine againn gach aon bhliain ar feadh aon bhliain déag. D'imigh sé leis tá bliain ó shin ag iarraidh an dara bean déag agus níor tháinig sé ar ais ó shin.'

('Nach iontach sin?' a smaoinigh an Ridire. 'Tá an scéal seo ag teacht le chéile!')

'Ní thiocfaidh sé sin go brách,' a deir sé leis na mná, 'mar mharaigh mise é cheana. D'fhág mé a cheann ina luí i bpoll uisce sa gharraí atá ag bhur n-athair.'

D'ardaigh na mná óga liú áthais a réabfadh na spéartha ansin. Chruinnigh siad thart timpeall ar an Ridire. Mhol siad go hard na spéire é. Dúirt siad nach scarfaidís go deo leis go bhfágfadh sé sa bhaile iad, go dtí an Tuircéis Mhór, go dtí a n-athair. Dúirt seisean go ndéanfadh sé sin agus fáilte.

Ansin, d'fhiafraigh an bhean óg de an bpósfadh sé í.

('Bean eile dom iarraidh!' a smaoinigh sé. 'Nach méanar do na laochra!')

B'éigean dó freagra ionraic a thabhairt uirthi, áfach.

'Phósfainn cinnte,' ar seisean léi. 'Ach tá mé geallta le do dheirfiúr eile atá sa bhaile, má théim beo ar ais a fhad sin!'

Ní raibh an bhean óg sásta.

9. Glúin Dubh

Bhí go maith is ní raibh go holc. Bhí ríméad ar na mná óga go raibh an fathach marbh. Rinne siad féasta agus chaith siad píosa den oíche go spóirtiúil dóibh féin. Bhí an-tuirse ar Ridire an Ghaiscidh tar éis an lae. Bhí sé ar tí dul a luí nuair a chuala sé cúpla béic uafásach taobh amuigh, ceann agus ceann eile. D'fhiafraigh sé de na mná cén sórt duine é sin a bhí ag béicíl.

'Sin deartháir don Amadán Mhór,' arsa an bhean is óige. 'Nuair a fuair sé amach go raibh a mháthair marbh, tháinig sé ag iarraidh duine againne a choinneodh comhluadar leis.'

'Caithfidh duine agaibh dul in éineacht leis?'

'Caithfidh,' a dúirt an bhean óg. 'Agus is mise a chaithfeas dul ann! Déan ceithre phíosa díom anois, a dhuine uasail. Caith píosa díom soir agus caith píosa siar. Caith píosa ó thuaidh agus caith píosa ó dheas, sula dtéim in éineacht leis!'

'Más mar sin áta,' a deir Ridire an Ghaiscidh, 'rachaidh mise mé féin ann.'

D'fhág sé slán agus beannacht ag na mná ansin is ghluais leis amach in araicis dhearrtháir an Amadáin Mhóir. Nuair a chonaic an fear mór é, scairt sé le Ridire an Ghaiscidh, 'Fóill ort, a leibide! An tú a mharaigh mo mháthair? An tú an fear a d'fhág mar seo mé, gan chara gan chompánach i mo theach?'

'Is mé go deimhin!' a d'fhreagair an Ridire. 'Seal s'agatsa anois é, a dhuine ghránna!'

Leis sin, thug sé fogha faoi dhearrtháir an Amadáin Mhóir. Ar nós a dhearrthár, fear mór láidir a bhí san fhear sin. Bhí sé féin agus an Ridire ag dul dá chéile ar feadh na hoíche agus maidin an lae arna mhárach freisin. Rinne siad bogán den chruán agus cruán den bhogán (arís!) is ní bheadh a fhios agat cé acu ab fhearr ná ba mheasa. Ní raibh aon phioc difir eatarthu.

Bhí Ridire an Ghaiscidh ag éirí traochta nuair a tháinig an spideog ar an chlaí.

'A Ridire ghroí,' a scairt an t-éinín, 'nach dona an áit í seo le haghaidh do bháis? Níl fear do shínte ná bean do chaointe anseo, cuma cé acu mac an rí nó fear bocht gan pingin rua tú.'

Sin é an uair a chuimhnigh Ridire an Ghaiscidh air féin.

('Tá seo ag dul ar aghaidh fada go leor,' ar seisean.)
Lig sé glam as.

'Seachain thú féin, a ghiolla na leisce!'

Thóg sé a chlaíomh is bhuail buille de isteach i mbéal ghoile dheartháir an Amadáin Mhóir. Mharaigh sé é. Is beag nár plúchadh é leis an mhéid bréantais a tháinig as putóga lofa an fhir mhóir, iad ag sileadh amach ar an talamh taobh leis. Shiúil Ridire an Ghaiscidh isteach chuig na mná arís. Chuir siad fáilte is fiche roimhe.

An chéad mhaidin eile, réitigh na mná iad féin amach go dtabharfadh an Ridire abhaile iad. Chuaigh seisean síos ar bhruach na trá agus bhain píosa de mhaide bheag. Chaith sé amach san fharraige é agus rinne sé bád chomh breá is a shnámh farraige riamh. Ansin chuir sé a ghualainn leis an bhád agus chuir míle agus trí cheathrú i bhfarraige é.

('Bainfidh mé triail as an chleas sin a bhíodh ag Mór sna scéalta,' a dúirt sé leis féin.)

Chuir sé cúigear de na mná ar thaobh amháin agus seisear ar an taobh eile. Fuair sé giota rópa agus cheangail sé iad dá chéile. Chuaigh sé píosa ar a chúl agus tháinig sé chun tosaigh go rite reaite. Thug sé cúigear ban i lámh amháin leis agus seisear sa lámh eile gur thug isteach ar bord na loinge iad.

Agus é díreach ag réiteach le cur chun siúil, chonaic sé soitheach ag teacht ionsorthu. Rinne an Ridire staidéar ar an bhád sin.

'Má tá mé beo, is soitheach gaiscígh é sin agus is é Glúin Dubh atá ann,' ar seisean.

Ní raibh focal eile ráite aige go raibh an soitheach lena thaobh. Chaith an fear mór a bhí ar an stiúir an t-ancaire amach agus cheangail an dá shoitheach le chéile.

'An tú Glúin Dubh?' a d'fhiafraigh Ridire an Ghaiscidh go lom. 'Más tú, is fada mise ar do thóir!'

Níor dhúirt an fear eile focal ar bith ach d'éirigh agus chuaigh de léim ar an talamh. Bhí cruashiúl maith faoi agus é ag imeacht ón áit a raibh an dá bhád. Bhí Ridire an Ghaiscidh ar theann a dhíchill ag rith ina dhiaidh ach bhí ag cinneadh air teacht suas leis. Ansin, chonaic sé an fear mór ag dul isteach i dteach.

'Tá tú agam anois, a bhithiúnaigh!' ar seisean. 'Béarfaidh mé ort istigh sa teach!'

Ach, sula raibh Ridire an Ghaiscidh chomh fada leis an teach, amach le Glúin Dubh agus a phíopa deargtha ina bhéal aige. Sheas sé ansin gur bhain cúpla smailc as an phíopa. Bhí sé ag breathnú ar an Ridire, meangadh gáire fána bhéal aige.

'Tá tú ag magadh fúm anois, a phleidhce!' arsa an Ridire agus é ag brostú faoina dhéin.

Chaith Glúin Dubh uaidh an píopa ansin agus as go brách leis ar nós na gaoithe. Rith Ridire an Ghaiscidh sna cosa in airde ina dhiaidh ach theip air teacht suas leis agus ní raibh ag an fhear mhór ach cruashiúl.

Bhí Ridire an Ghaiscidh i ndeireadh na péice. Bhí frustrachas air.

'Seas!' a scairt sé. 'Tá mé ag ceapadh gur fearr an fear

tusa ná mise. Ach is cuma liom, troidfidh mé thú má sheasann tú!'

D'amharc Glúin Dubh siar ach níor stop sé. Chuir an Ridire glam mhór ard as. Dar leis, níor ghaiscíoch ar bith é an fear mór seo a bhí ag teitheadh roimhe.

'Pleoid ort, a chladhaire lofa!' a bhéic sé. 'Nuair nach seasfaidh tú, báfaidh mé mo shoitheach féin san áit a bhfuil sé agus tabharfaidh mé do shoitheachsa ar ais go hÉirinn. Ansin beidh sé le rá agam gur fearr an fear mé ná thú!'

Níor stop an fear mór.

D'fhill Ridire an Ghaiscidh ar an chuan. Chuaigh sé de léim isteach i soitheach Ghlúin Dubh. Bhí pota mór trom ar an deic ann. Thiompaigh Ridire an Ghaiscidh an pota bun os cionn, béal faoi. Ní túisce a bhí sin déanta aige ná tháinig Glúin Dubh de léim isteach ar an bhád. Rug sé greim ar an Ridire gur bhrúigh isteach faoin phota é. Shuigh sé síos ar an phota ansin agus d'fhan mar sin go ceann naoi n-oíche agus naoi lá. Le linn an ama sin, dá n-éireodh Glúin Dubh den phota, bhíodh Ridire an Ghaiscidh dá chur de suas, ag iarraidh éalú. Shuíodh Glúin Dubh síos arís air go gasta. Ní raibh an Ridire in ann teacht amach as istigh faoi.

Maidin an deichiú lá, dúirt Glúin Dubh leis féin go mba cheart don Ridire a bheith lag go maith faoin am sin. D'éirigh sé den phota agus chuaigh de léim ar an talamh. Ní túisce a bhí sé imithe ná chaith Ridire an

Ghaiscidh an pota uaidh. Chuaigh seisean de léim ar an talamh freisin. Lean sé Glúin Dubh ansin sna cosa in airde.

Ba é an scéal céanna arís é. Ba chuma cé chomh tapa agus a rith an Ridire, is mó a bhí Glúin Dubh ag imeacht uaidh ná eisean ag teacht suas leis.

('Is leor seo!' ar seisean leis féin. 'Ní fiú seo mar chluiche. Is cladhaire déanta é an fear seo!')

'Nuair nach bhfuil tú ag dul a sheasamh,' a scairt an Ridire le cúl an fhir mhóir a bhí ag teitheadh uaidh, 'tá mise ag dul ar ais go dtí do shoitheachsa. Ní ionann agus an t-am deiridh, ní ar bhéal an phota a bheas m'aird an t-am seo!'

Thug sé a aghaidh ar an chuan arís.

10. Seal sa Tuircéis Bheag

Chuaigh Ridire an Ghaiscidh isteach de léim ina shoitheach féin. Bhí na mná óga ansin ag fanacht leis.

'Amach libh, a chailíní!' a d'ordaigh sé. 'Amach ar an ché – ní tráth suí agaibh é!'

Rug sé greim ar stiúir a bháid féin ansin agus sháigh síos i ndiaidh a tóna é, síos san fharraige. Léim sé féin amach agus d'fhág báite ansin é.

Isteach leis de léim i soitheach Ghlúin Dubh agus d'iarr ar na mná óga é a leanúint isteach ann.

('Ní iompróidh mé isteach iad an babhta seo,' a smaoinigh sé dó féin. 'Tá mo sháith ghaiscíochta déanta agam i gcomhair an lae inniu. Déanaidís a mbealach féin isteach!')

Thug Ridire an Ghaiscidh aghaidh shoitheach Ghlúin Dubh ar an Tuircéis Mhór. D'ardaigh sé suas na seolta móra pocaideacha pacaideacha (go fóill!) lán mara. Níor fhág sé téad gan tarraingt, almadóir gan briseadh ná maide rámha gan róbhriseadh gur chuir sé an gaineamh mín in uachtar agus an gaineamh garbh in íochtar. Bhí iasc na farraige ag creathnú roimhe agus na toibreacha fíoruisce ag cur thar maoil ar bharr na farraige gur thug sé aghaidh an bháid amach in aghaidh na farraige móire fíormheasctha domhain. Bhí ceol binn ag an fhaoileán ó thús na loinge go deireadh na loinge ag coinneáil ceoil leis, ach ní dócha gurbh é an faoileán céanna é!

Bhí sé ag seoladh agus ag síorsheoladh leis seacht lá agus seacht n-oíche nó go bhfaca sé talamh i bhfad uaidh is ní i ngar dó. Dúirt sé leis na mná go dtiocfadh sé i dtír ar an talamh sin.

'Ba mhaith liom píosa den tír a fheiceáil,' ar seisean.

D'amharc na mná óga ar a chéile. Bhí tinneas farraige ar chuid acu. Bhí cuid eile acu dóite ag an ghrian. Bhí an mhuintir eile míshásta go raibh a gcuid éadaí scriosta ag cáitheadh na farraige.

Labhair an bhean is óige orthu.

'I gcead duit, a dhuine uasail', ar sise, 'má ghlacann tú lenár gcomhairle ní bhacfaidh tú le dul i dtír ansin!'

'Cén dochar a dhéanfas sé dúinn?' a deir Ridire an Ghaiscidh. Bhí a intinn déanta suas aige.

'Bhuel, ar do cheann féin bíodh sé!' arsa sise.

Rinne an Ridire gáire léi. Thug sé aghaidh an tsoithigh díreach ar an oileán agus chuir ar an ancaire é.

('Tá an t-am agam mo chuid nirt a thaispeáint do na cailíní seo arís,' a cheap sé. 'Shílfeá go raibh siad ag cailleadh misnigh ionam.')

'Seasaigí suas ar an deic,' a d'iarr sé orthu.

Chuaigh sé siar go deireadh an bháid agus thug rite reaite gur thug cúigear de na mná ina ascaill chlé agus seisear ina ascaill eile, go ndeachaigh sé de léim ar an talamh.

'Cén t-ainm atá ar an áit seo?' a d'fhiafraigh sé. (Bhí sé rud beag as anáil!)

'Is é seo an Tuircéis Bheag,' arsa an bhean is sine. Bhí pus uirthi.

'Féadann sibh sos a ghlacadh ar feadh tamaill,' ar seisean. 'Tá mise ag dul a shiúl píosa den oileán.'

Shiúil leis ag féachaint ar gach ní gur casadh teach leis.

'Tá ocras orm anois,' a dúirt sé. 'B'fhéidir go bhfaighinn greim le hithe anseo.'

Isteach leis. Cé a bhí istigh sa teach roimhe ach an buachaill aimsire a bhí ag Rí na Tuircéise Bige.

'A fhir mhaith,' ar seisean go grusach, 'is mise Ridire an Ghaiscidh. Tá mé ar cuairt anseo agus aon bhean déag in éineacht liom. Réitigh béile dúinn agus déan deifir leis!'

('Mar a d'ordódh gaiscíoch,' a dúirt se leis féin.)

Má bhí iontas ar an bhuachaill aimsire, níor dhúirt sé a dhath. Thosaigh ag réiteach bia dóibh mar a iarradh air. D'imigh Ridire an Ghaiscidh agus thug na mná isteach chun tí. Nuair a bhí na potaí thíos ar an tine aige, amach leis an searbhónta go beo chun an scéal a insint don rí. (Chomh maith lena chuid jabanna eile, b'in dualgas a bhí air chuile lá, scéal a insint don rí. Go minic, ní bhíodh aon scéal úr ag an searbhónta agus bhíodh air scéal a chumadh. Ba chuma leis an rí, a fhad is go raibh scéal ann chun cian a thógáil de.)

'Tá scéal nua agam duit go cinnte inniu,' a deir sé leis an rí agus sceitimíní air. 'Tá fear istigh sa teach agus aon bhean déag in éineacht leis, cailíní chomh breá is a chonaic tú riamh! Tháinig an boc sin isteach agus thug cuireadh chun dinnéir dó féin agus do na mná, gan do cheadsa a iarraidh.'

Bhrostaigh an rí isteach go bhfeicfeadh sé na cuairteoirí seo. (Leis an fhírinne a rá, bhí saol measartha leadránach acu ar an oileán, gach lá mórán mór mar an gcéanna leis an lá a chuaigh roimhe.) Bheannaigh an rí do Ridire an Ghaiscidh, a bheannaigh ar ais dó gan aon mhórchúirtéis a dhéanamh. B'iontach leis an rí a shotalaí is a bhí an fear óg seo. D'amharc sé ar na cailíní ansin. Níor mhinic aon bhean déag óg álainn a fheiceáil le chéile in aon áit amháin ar oileán mara. Nuair a leag sé súil ar an bhean is óige orthu thit an rí i ngrá léi láithreach.

'Bhuel, bhuel!' a smaoinigh sé. 'Caithfidh mé gan ligean di seo éalú uaim!'

D'fhág se slán ag an chomhluadar a bhí ag ithe béile. Chuaigh sé síos chuig seanfhear glic a bhí mar chomhairleoir aige. Mhínigh an scéal don seanfhear glic.

'Céard a dhéanfas mé? a d'fhiafraigh an rí. 'Má tá mé chun an bhean sin a fháil, beidh orm an fear atá in éineacht léi a chur chun báis.'

Bhí an seanfhear glic ag déanamh machnaimh.

'Cén sórt báis a chuirfinn air?' a d'fhiafraigh an rí go mífhoighdeach.

Thosaigh an seanfhear glic ar a chuid cleasanna. Shiúil sé thart. Dhún sé a chuid súl. Chuir sé a lámh lena cheann. Labhair sé sa deireadh.

'Sin gaiscíoch as Éirinn,' a deir sé, 'agus má thógann tú mo chomhairle éistfidh tú lena bhfuil le rá aige.'

Tháinig smúid ar an rí.

'Bhí mo sheanathair ag beathú do sheanathairse,' a dúirt sé. 'Agus tá mise mé féin ad bheathúsa, ach greim ná bolgam ní bhfaighidh tú níos mó mura n-insíonn tú dom cén tslí bháis a thabharfas mé air.'

Chroith an seanfhear glic a cheann.

'Téirigh abhaile,' a dúirt sé, 'agus cuir geall leis an ghaiscíoch sin go n-ólfaidh tú cárt in aghaidh gach pionta leis. Cuirfidh seisean geall leat go n-ólfaidh sé leathghalún in aghaidh gach pionta leat. Ach bí thusa réidh! Deich n-oíche agus deich lá a chaithfeas sé ag ól leathghalún in aghaidh gach pionta leat. Beidh mise ansin chun cabhrú leat.'

Chuaigh an rí abhaile. Chuir sé geall le Ridire an Ghaiscidh go n-ólfadh sé cárt in aghaidh gach pionta leis. Ach chuir Ridire an Ghaiscidh geall leisean go n-ólfadh sé leathghalún in aghaidh gach pionta leis féin.

Is ansin a thosaigh an t-ól. D'ól siad leo, Ridire an Ghaiscidh ag ól leathghalúin in aghaidh gach pionta a d'ól an rí. Le titim na hoíche, d'fhógair an Ridire go mbeadh sos dhá uair an chloig acu gach tráthnóna agus é ag dul ó sholas. Bhí an Ridire ag titim as a sheasamh, idir tuirse agus meisce. Iontas na n-iontas, d'aontaigh an rí leis. (Bhí a bholg siúd ag at, bhí an oiread sin ólta aige. Agus maidir le gaofaireacht . . . !!)

Bhí an comórtas ag dul ar aghaidh ó lá go lá mar sin. Chuaigh sé ar aghaidh chomh fada sin gur ghnách leis an lucht féachana dul a luí ag am sosa gach oíche agus teacht ar ais an chéad rud ar maidin! Comórtas mar é, ní fhacthas riamh ná ó shin!

11. Ar an Fharraige Mhór

Faoi mar a thuar an seanfhear glic, mhair an comórtas ólacháin deich lá agus deich n-oíche. Gach tráthnóna le linn an tsosa, thagadh an seanfhear glic go dtí an rí go dtugadh deoir draíochta dó le cur ina dheoch. Dá bhrí sin, ní théadh an rí ar meisce in am ar bith, ba chuma cé mhéid a d'óladh sé. Ní bhíodh an seanfhear glic le feiceáil ag éinne seachas an rí. Níor thuig an Ridire ná na daoine eile cén fáth nach raibh an rí ag titim thart leis an mhéid a bhí ólta aige. Taobh amuigh d'an-drochbholadh ó am go ham (!), ní raibh caill ar bith air.

Nuair a bhí na deich lá agus na deich n-oíche istigh, thit Ridire an Ghaiscidh ina chnap ar an urlár. Bhí sé caoch ólta. Bhí an rí ina sheasamh, chomh stuama is a bhí sé an chéad lá riamh.

'Anois, a ghiolla an tsotail mhóir!' a dúirt an rí ag breathnú anuas ar Ridire an Ghaiscidh. 'Is mithid duitse imeacht as seo, gan aon teacht ar ais ionat!'

Bhí na mná óga ag féachaint air seo. Nuair a chuala siad cad é a dúirt an rí, scanraigh siad. Cén dóigh a mbeidís in ann dul abhaile dá gcaillfidís an Ridire a thug slán a fhad seo iad? D'imigh an rí leis, é ag caint ar rópa a fháil. Bhí an bhean is óige ar na mná ag caoineadh. Bhain sí fáinne óir dá méar agus chuir ar mhéar an Ridire é. Thug póg ghasta dó ar chlár a éadain ansin.

Nuair a d'fhill an rí bhí rópa leis. Cheangail sé suas an Ridire, chaith suas ar chairt chapaill é agus d'ordaigh don bhuachaill aimsire é a thabhairt a fhad leis an chuan agus é a chaitheamh i bhfarraige.

'Anois an t-am againne aithne níos fearr a chur ar a chéile, a bhean uasail,' ar seisean leis an chailín is óige.

Chúb sí siar uaidh.

'Ó? An mar sin é?' a dúirt an rí. Rinne sé meangadh gáire léi. 'Deifir ar bith orainn, a chailín. Pósfar sinn i gceann lá agus bliain ón lá inniu. Faoin am sin beidh tú sásta mé a phósadh, is beidh do chuid deirfiúracha ag iarraidh dul abhaile.'

Bhí imir bheag den bhagairt ina ghlór. Rinne sé meangadh eile.

D'imigh na mná isteach chun tí. Uaidh sin amach, choinníodh na deirfiúracha thart timpeall ar an chailín is óige i gcónaí. Níor fhág siad ina haonar in am ar bith í. Bhí siad dubh dóite i dteach an rí. Ba bhreá leo an Ridire teacht ar ais chucu, go dtabharfadh sé ar ais chuig a n-athair féin iad. Bhí an-chumha ar an chailín óg ina dhiaidh.

Maidir le Ridire an Ghaiscidh, bhí seisean ag seoladh leis ar bharr na dtonn. B'iomaí sin iontas a tháinig ina bhealach amuigh ansin i lár an aigéin – scoileanna éisc den uile chineál, turtar mór millteach, éin farraige nach bhfaca sé riamh roimhe. Lá amháin, d'eitil dhá chorr bhán thuas os a chionn ar feadh tamaill ag coinneáil comhluadair leis. Bhuail uaigneas é nuair a d'eitil siad leo sa deireadh. Lá eile, chonaic sé scuad mór iasc gréine. B'fhíochmhar an chuma a bhí orthu; chuir siad an croí trasna ina chliabh. Ach ní raibh suim ar bith ag na héisc ghréine sa Ridire. Cé go raibh sé tuirseach, ocrach agus stiúgtha leis an tart, ní raibh aon bhagairt bháis air ó bhí fáinne an chailín óig ar a mhéar aige.

'Seo an chuid is measa de mo thuras go dtí seo,' a smaoinigh sé lá amháin. 'Ag seoladh liom mar a bheadh sliogán ar bharr na farraige móire, gan fios agam cén uair a bheas deireadh le mo thuras. Ní cuimhin liom aon eachtra mar seo sna scéalta gaisce a bhíodh ag Mór agus mé óg!'

De réir a chéile, bhí ag teip ar a chuid nirt agus ar a chuid misnigh. Ansin, maidin amháin, céard a chonaic sé idir é agus léas ach long agus í ag déanamh ar an áit a raibh sé féin ar snámh ar bharr na farraige. Bhí cuid éadaí an Ridire ina ngiobail faoin am seo. Ach bhain sé de a raibh fágtha dá léine agus chroith san aer í. Scairt sé de ghuth ard ag iarraidh aird fhoireann na loinge a tharraingt air féin.

Fear faire a bhí thuas ar bharr na crannóige a chéadchonaic é. Chuir an caiptín bád beag amach chun é a thógáil. Thug siad bia agus deoch dó, agus éadaí úra tirime. Is é a bhí sásta, agus bhí sé ní ba shásta arís nuair a fuair sé amach gur ar oileán na Tuircéise Bige a bhí an long ag triall. Chuaigh sé siar i ndeireadh na loinge ansin gur thit a chodladh air láithreach.

Mhúscail caiptín na loinge an Ridire agus iad ag seoladh isteach i gcuan na Tuircéise Bige. Ghabh sé buíochas le foireann na loinge ansin, thug rite reaite agus léim anuas ar an talamh, bhí an oiread sin gliondair air a bheith ar ais san áit ina raibh an bhean óg. Shiúil sé leis ar an oileán gur tháinig sé chuig teach a raibh seanbhean ann. D'iarr an Ridire deoch agus bia ar an tseanbhean.

'Bhuel, a dhuine uasail,' a d'fhreagair an tseanbhean, 'thabharfainn bia agus deoch duit agus fáilte, ach seo lá mór bainise ar an oileán seo. Gabh suas chuig teach an rí agus gheobhaidh tú bia agus deoch den chineál is fearr ansin.'

Bhuail eagla Ridire an Ghaiscidh.

'Inis dom, a bhean mhaith,' a deir sé, 'cé atá ag pósadh inniu?'

'An rí é féin!' a d'fhreagair sí. 'Bean óg álainn a sheol isteach anseo lena deichniúr deirfiúr tá lá agus bliain ó shin. Deir siad go bhfuil an rí dóirte i ngrá léi.'

('Díreach in am!' a deir an Ridire. 'Is cosúla seo le scéalta Mhór anois!')

As go brách leis gur tháinig chuig teach an rí. Bhí slua mór daoine taobh istigh agus taobh amuigh den teach agus níor chuir duine ar bith sonrú ann. Bhí fuinneog mhór ar oscailt agus tábla fada bia agus dí taobh istigh den fhuinneog. Chuidigh an Ridire leis féin go raibh a dhóthain ite agus ólta aige.

('Is fearr i bhfad an fear anois mé tar éis sin,' a deir sé. 'Ní chuimhníonn gaiscíoch gortach ach ar a bholg!')

Isteach leis chun stop a chur leis an bhainis.

12. An cath deiridh

Shiúil Ridire an Ghaiscidh isteach sa halla mór ina raibh an bhainis dá caitheamh. Tharraing sé amach a chlaíomh. Bhí Rí na Tuircéise Bige ina shuí ag barr an tábla, an bhean óg ina suí ar a dheaslámh. Sheas an rí nuair a chonaic sé an Ridire chuige isteach agus an claíomh ina lámh. Lig sé béic as.

'Cad é seo?' a dúirt sé. 'Namhaid chugam ar lá mo bhainise! Beirigí greim air!' a scairt sé leis na searbhóntaí a bhí ag freastal ar an tábla.

Thóg Ridire an Ghaiscidh an claíomh os cionn a chloiginn.

'Ná taraigí de mo chóir!' ar seisean. 'Nó is daoibh is measa,' a dúirt sé go bagrach.

Sheas na searbhóntaí siar.

'Beirigí greim air!' a scread an rí.

'Beir thusa greim orm!' a dúirt an Ridire. 'Is liomsa an bhean seo atá ina suí id aice. Ní ligfidh mé duit í a ghoid uaim!'

Sheas an rí. Ní raibh sé ach ag seasamh suas nuair a bhuail Ridire an Ghaiscidh buille trom den chlaíomh anuas ar chúl a mhuiníl. Scread na cailíní. Thit an rí marbh i mullach a chinn ar an urlár. Bhí fuil chuile áit.

Ghlan an Ridire lann a chlaímh ar an éadach geal a bhí ar an tábla. D'amharc sé thart ar an chomhluadar.

'Is liomsa an bhean seo,' a deir sé. 'Tabharfaidh mé liom í féin agus a cuid deirfiúracha anois, ar ais chuig a n-athair. Ná taradh aon duine agaibh inár ndiaidh . . . '

Thóg sé an claíomh arís. 'Tá faobhar ar an chlaíomh seo fós!'

Sceitimíní a bhí ar na mná, go mór mór ar an bhean is óige. D'aithin sí a fáinne féin ar mhéar an Ridire agus chuir sí céad fáilte roimhe. Bhí sí chomh sásta sin go raibh faitíos ar an Ridire go dtosódh sí a mhúchadh le póga mar a rinne a mháthair an lá a d'fhill sé chun an bhaile!

'Ní mór dúinn brostú linn amach as an áit seo,' a dúirt sé go borb.

Chuaigh siad síos chun na farraige, chomh mear agus a thiocfadh leo. Thóg na mná olagón ar bhruach na cé nuair nach raibh aon bhád ansin ag fanacht leo.

'Céard a dhéanfas muid anois?' arsa an bhean óg go cráite.

'Fadhb ar bith!' arsa an Ridire.

Fuair sé píosa de mhaide beag sa chlaí.

('Mo shlaitín draíochta!' ar seisean. 'Déan seo mar a rinne tú an chuid eile!')

Chaith sé uaidh amach san fharraige an maide. Arís eile, rinne sé bád chomh breá is a shnámh farraige riamh.

('D'oibir sé arís!' ar seisean leis féin. 'Nach iontach an gaiscíoch mé dáiríre?' Ach rith sé leis go mb'fhéidir nach raibh an scéal seo thart go fóill. Bhí Glúin Dubh fós le cloí.)

Shíl na mná a mhór den Ridire. D'iarr sé orthu dul ar bord an bháid de shiúl a gcos, rud a réitigh go maith leo, seachas eisean iad a chur faoina ascaill. Réitigh sé go maith leis an Ridire freisin nó is iad a bhí trom, fiú ag gaiscíoch mór le rá ar nós é féin!

Chuir sé a ghualainn leis an bhád ansin agus chuir iomaire agus seacht n-acra i bhfarraige é. D'ardaigh sé suas na seolta móra pocaideacha pacaideacha lán mara. Níor fhág sé téad gan tarraingt, almadóir gan briseadh ná maide rámha gan róbhriseadh gur chuir sé an gaineamh mín in uachtar agus an gaineamh garbh in íochtar. Chuir sé iasc na farraige trína chéile agus tharraing sé toibreacha fíoruisce ar bharr na farraige gur thug aghaidh a shoithigh amach in aghaidh na farraige fíormheasctha domhain, ceol binn ag an fhaoileán ó thús na loinge go deireadh na loinge ag coinneáil ceoil le Ridire an Ghaiscidh agus leis na mná óga.

Thug sé aghaidh an tsoithigh ar Éirinn. Dar leis, rachadh sé abhaile chuig a mhuintir féin sula bhfágfadh sé na mná óga abhaile chun na Tuircéise Móire. Bhí sos uaidh. Bhí siad ag seoladh leo seacht lá agus seacht n-oíche nó go bhfaca siad talamh i bhfad uathu is ní i ngar dóibh.

'Féachaigí air sin,' a deir sé leis na mná. 'Talamh glas na hÉireann!'

Lig na mná gáir mholta astu nó is iad a bhí dubh dóite den turas báid. Rinne an Ridire ar an talamh agus níorbh fhada gur shroich siad caladh mín foscúil. Lig sé síos an t-ancaire agus d'fheistigh an bád le taobh an chalaidh.

Bhí siad ar tí teacht anuas den bhád nuair a chuala siad glór garbh ag scairteadh.

'Fóill ort, a chladhaire! Fan mar a bhfuil tú nó bainfidh mé an ceann díot!'

Cé a bhí ann?

Glúin Dubh ag fanacht ansin ar an ché leis an Ridire tar éis an aistear fada a bhí déanta aige! Smaoinigh sé ar ar dhúirt Mór.

'Ná tar i dtír anseo, a phéistín,' a bhúir Glúin Dubh. 'Imigh leat i dtigh an diabhail agus ná feicim anseo arís thú!'

Rinne Ridire an Ghaiscidh gáire mór.

'Fóill ort féin, a liúdramán an bhéil mhóir!' a scairt sé ar ais. 'An gceapann tú gur féidir leat an ruaig a chur ormsa mar sin? Is mise Ridire an Ghaiscidh agus níl eagla orm romhatsa ná roimh aon rud eile.'

(Chuir an Ridire na méara trasna ar a chéile taobh thiar dá dhroim.)

Seal Ghlúin Dubh anois chun gáire a dhéanamh.

'Gabh anuas anseo chugam, a bhumbóigín!' a deir sé. 'Déanfaidh mé míle píosa díot agus ansin bhéarfaidh me do chnámha meilte d'éisc na farraige móire!'

Chuaigh Ridire an Ghaiscidh seacht gcoiscéim ar a chúl agus seacht gcoiscéim ar a aghaidh. D'éirigh sé de dheic an bháid agus chuaigh de léim amach ar an talamh.

'Cé acu is fearr leat, a bheith ag troid ar leacacha glasa ná a bheith ag sá sceana géara i mbarreasnacha a chéile?' arsa Glúin Dubh.

'Is fearr liom ag troid ar leacacha glasa nó is é a chleachtaigh mé riamh ag baile,' a deir Ridire an Ghaiscidh go dána.

('Bréagach thú!' a dúirt sé de chogar leis féin. 'Cén áit ar fhoghlaim tú bréaga mar sin a insint chomh tapa sin?')

Thosaigh siad ag troid mar a thosódh dhá reithe nó dhá tharbh nimhe ar chiumhais an tsléibhe. Lean siad ag troid go tréan tréan ar feadh seacht lá agus seacht n-oíche agus ní bheadh a fhios agat cé acu ab fhearr nó ba mheasa. Ach nuair a bhí na seacht lá agus na seacht n-oíche istigh, b'fhéidir go bhféadfá a rá go raibh Glúin Dubh ag fáil an lámh in uachtar ar an Ridire.

Sin an t-am a chan an spideog ar an chlaí.

'A Ridire an chroí mhóir,' a scairt an t-éinín, 'nach dona an áit í seo le haghaidh do bháis? Níl fear do shínte ná bean do chaointe anseo, cuma cé acu mac an rí nó fear bocht gan pingin rua tú.'

Chuala an Ridire focail an éin agus chuimhnigh sé air féin.

Lig sé búir as mar a bheadh leon ann.

('Tá mise sa bhaile anseo,' a smaoinigh sé. 'Tá sé in am ag an phleidhce amadáin seo filleadh ar a bhaile féin freisin!')

'Imigh leat, a ghiolla lofa na mbréag !' a scairt sé go hard.

Níor bhac sé le faobhar ná le claíomh an t-am seo. Sheas sé suas go díreach. Tháinig riastradh uime. Rug sé greim ar Ghlúin Dubh thart faoina ucht. Rug sé isteach air ansin, thóg den talamh é agus thug croitheadh maith dó. Chaith sé suas san aer é. Bhuail sé cic mór maith sa tóin air. D'imigh Glúin Dubh leis amach as a radharc.

'Imigh leat, a phláigh!' a scairt an Ridire ina dhiaidh. 'Agus ná tar ar ais anseo a choíche go deo arís nó beidh níos measa romhat an chéad uair eile!'

Ní fhacthas Glúin Dubh sa taobh sin tíre níos mó. Chuir cic an Ridire ag eitilt tríd an aer é. Bhí sé stróicthe, scríobtha, gortaithe, gonta. Bhí míobhán ina cheann. Nuair a dhúisigh sé arís, fuair sé é féin ina theach féin sa Domhan Thoir. Níor chorraigh sé amach as níos mó. Bhí gaiscíoch úr ar an bhfód in Éirinn.

13. Ar ais sa bhaile

Bhí eagla a gcraicinn ar na mná óga fad is a bhí Ridire an Ghaiscidh agus Glúin Dubh in adharca a chéile. Tháinig siad anuas den bhád agus ríméad orthu nuair a d'imigh Glúin Dubh leis suas sa spéir.

Tháinig an bhean is óige aníos chuig an Ridire.

'Grá mo chroí thú!' a deir sí. 'Is tú an gaiscíoch a shábháil ar gach anró sinn!'

('Rud nach raibh furasta a dhéanamh!' arsa an Ridire leis féin.)

'Téanam orainn abhaile chuig teach m'athar,' ar seisean. Bhraith sé go raibh deireadh an aistir seo ag teannadh leis. B'fhada uaidh é.

Níor thóg sé i bhfad orthu baile an Ridire a bhaint amach.

Tháinig an rí agus a bhean amach ina n-araicis.

'Tháinig tú ar ais chugainn, a mhic,' a deir an rí. 'Agus neart comhluadair in éineacht leat freisin!' ar sé, ag amharc thart ar na mná óga.

'In ainm Chroim, a mhic,' arsa a mháthair agus alltacht uirthi, 'cá bhfuair tú an scuad seo ban, agus cad é atá tú ag dul a dhéanamh leo?'

Phléasc an Ridire amach ag gáire.

'Scéal fada, a mháthair,' ar seisean. 'Beidh siad ag dul abhaile chuig a n-athair féin sa Tuircéis Mhór ar ball – ach amháin an cailín seo . . .'

Chuir sé a lámh timpeall ar ghualainn an chailín is óige.

'Beidh sise ag fanacht liomsa anseo!'

Las an bhean óg go bun na gcluas. Rinne na mná eile siodghaire. Rinne siad bualadh bos. Chuir athair agus máthair an Ridire fáilte rompu agus thug isteach chun tí iad gur leag rogha gach bia agus togha gach dí rompu.

Nuair a bhí a sháith ite agus ólta ag an Ridire, labhair an rí leis,

'Tá do chulaith ghaisce réabtha stróicthe, a mhic. Tá do chuid buataisí cridimeacha craideamacha ag titim ó chéile. Tá ceann amháin de do chuid spor ar iarraidh is tá an ceann eile briste brúite. Ní fheicim aon loinnir ar do chlaíomh níos mó. Shílfeá go raibh obair mhór déanta agat ó chonaic muid go deireanach thú?'

'Is fíor duit é, a athair!'

Thosaigh an Ridire ansin gur inis gach ní ar tháinig sé tríd ó d'fhág sé an baile. Ba liosta le háireamh iad na gníomhartha gaisce a bhí déanta aige.

D'inis faoin bhád bhreá a rinne sé as an phíosa de

mhaide beag a chaith sé amach san fharraige. Labhair ar a chéad éacht nuair a bhris sé ceann an fhathaigh mhóir ghránna a bhí ag iarraidh iníon Rí na Tuircéise Móire a fhuadach leis, mar a bhris sé ceann an duine sin ina smidiríní. (Níor luaigh gur gheall go bpósfadh sé féin an cailín sin dá n-éireodh leis filleadh ar Éirinn!) Phléigh an spideoigín a thagadh chuige i gcónaí agus é i ndeireadh na péice, chun uchtach a thabhairt dó. Chuimhnigh ar an dóigh ar chabhraigh sé leis an triúr fathach a raibh a naimhde ag baint a gcuid tailte uathu leis na blianta fada. Gur chriog an fear ar an ghearrán bán, chomh maith leis an ghabhairín maol agus, an rud is measa ar fad, an tseanchailleach.

D'inis ansin scéal an chait a bhí chomh mór le capall agus an troid a bhí eatarthu. Níor dhúirt sé aon rud faoin dá chroí ná faoi féin a bheith marbh, mar nár chuimhin leis an píosa sin ar chor ar bith, ó tharla é marbh nó ina chat ag an am! Rinne trácht ansin ar an Amadán Mór agus ar mháthair an Amadáin Mhóir, ar mhaith leo é a ithe nó go ndearna sé iad a chloí. Mhínigh an dóigh ar bhuail sé leis an aon bhean déag a bhí anois in éineacht leis. (Na mná óga céanna faoi sceitimíní taobh thiar de ag an phointe sin, cuma mhíshásta ar an bhean is óige nár thagair sé di go speisialta ag an tráth sin!)

D'inis scéal deartháir an Amadáin Mhóir a tháinig ar lorg bean de na cailíní chun comhluadar a choinneáil leis ón uair a bhí a dheartháir agus a mháthair marbh ag an Ridire. Boladh bréan a chuid putóg agus iad spréite ar fud an bhaill tar éis gur maraíodh é. Ansin, gur tháinig Glúin Dubh ag tabhairt a dhúshláin, cé nach raibh an cladhaire sin sásta seasamh agus troid ina éadan. An dóigh a raibh an bheirt acu ag iomrascáil faoin phota mhór ar deic na loinge, gur sheol sé leis chun farraige ag fágáil Ghlúin Dubh ina dhiaidh ar an oileán.

'Cé go raibh barúil mhaith agam go gcasfaí ar a chéile arís sinn,' a dúirt sé, 'agus sin sara i bhfad!'

Gur chuir i dtír ar oileán na Tuircéise Bige tar éis píosa. ('D'ainneoin ár gcomhairle!' arsa bean de na mná de ghlór beag feargach.) 'D'ainneoin chomhairle na mban seo,' a d'admhaigh Ridire an Ghaiscidh. D'inis faoin dóigh ar ghlac rí an oileáin nóisean den bhean is óige agus go mb'éigean dó féin tabhairt faoi chomórtas ólacháin chun an bua a fháil ar an rí céanna. Níor chuimhin leis mórán ar bith faoin chomórtas ólacháin dáiríre, a dúirt sé – seachas an tinneas uafásach póite agus an turas scáfar ar bharr na farraige nó gur thug caiptín na loinge ar ais go hoileán na Tuircéise Bige é.

'Landáil mé ar ais ar lá na bainise – bhí an rí ag pósadh na mná óige seo. Bhí mé díreach in am!'

'Chuir sé deireadh leis an rí gan aon agó an lá sin. Mo ghaiscíoch maith,' arsa an cailín óg go bródúil. 'Shábháil sé mé ar an seanreithe sin!'

Rinne na mná bualadh bos arís.

Bhí cotadh ag teacht ar an Ridire anois, amhail is

nach dtiocfadh leis féin a chreidiúint an méid ar tháinig se tríd.

Bhuail taom mór tuirse é. Bhí sos uaidh.

'Agus tháinig tú abhaile chugainne ansin, a mhic!' arsa a mháthair agus í go mórálach as a mac cróga.

'Bhuel, tháinig, a mháthair,' arsa an Ridire. 'Cé nach raibh deireadh le mo chuid trioblóidí go fóill! Tar éis dúinn seoladh ar ais go talamh glas na hÉireann, cé a bhí ag fanacht liom ansin ag an ché ach Glúin Dubh, mo namhaid tréan. Glúin Dubh, tús agus deireadh mo scéil!'

'Mo mhac bocht!' arsa an rí.

'Is mé a bhí spíonta faoin am sin, a athair,' a dúirt an Ridire. 'Spréach mé nuair a chonaic mé chugam an bligeard sin. Ní raibh le déanamh ach é a chriogadh i gceart, agus sin a dhéanamh go tapa! Chun deireadh a chur leis an scéal seo, a bhí ag éirí rófhada . . . Le méid na feirge a bhí orm, thug mé cic mór maith amháin dó, rud a d'fhág ar ais sa Domhan Thoir é. Tá mé den tuairim nach mbeidh tásc ná tuairisc air anseo choíche go deo arís!'

Shínigh an rí a lámha amach chuig a mhac.

'Anois is féidir d'ainm ceart a thabhairt ort, a mhic,' ar seisean. ' Is tú Ridire an Ghaiscidh, gan aon amhras ar bith!'

Agus ansin . . .

Sin deireadh scéal Ridire an Ghaiscidh. Ar ndóigh, bhí rudaí beaga eile le socrú ina dhiaidh sin. Rinne siad bainis a mhair seacht lá agus seacht n-oíche idir an Ridire agus an bhean is óige. Sheol siad na mná eile ar ais chuig a n-athair sa Tuircéis Mhór. Is é a bhí sásta nó bhí deireadh dúile bainte aige as iad a fheiceáil riamh arís ina shaol.

Bhí an-imní ar an Ridire faoin bhean óg eile a bhí fós sa bhaile lena hathair, í siúd ar gheall sé í a phósadh dá dtiocfadh sé ar ais. Ní fhéadfadh sé an bheirt acu a phósadh, ar ndóigh! Ach níor ghá dó a bheith buartha. Bhí sé ar shiúl chomh fada sin go ndearna sise dearmad glan air agus phós fear eile! Ní raibh aon suim ar bith aici ann níos mó. Ba mhór an faoiseamh dó an scéala sin a chloisteáil, cé go raibh rud beag iontais air nár fhan sí leis féin, tar éis a dhóirte dó is a bhí sí.

('Tá ceacht le foghlaim uaidh sin, a mhic ó!' a dúirt sé leis féin.)

Mhair Ridire an Ghaiscidh go sona sásta suairc an chuid eile dá shaol. Bhí sé cruthaithe aige gurbh é féin an fear ba láidre ar an domhan mór a faid is a bhí sé beo. Ní dhearna sé aon rud mór is fiú uaidh sin amach. Ní dhearna sé ach a shaol a chur isteach ó lá go lá, aire a thabhairt dá bhean agus do na páistí a rugadh dóibh ina dhiaidh sin, agus a bheith sásta ina chroí gur thuill sé an t-ainm a thug a athair air an chéad lá a tháinig sé ar an saol.

Níor bheag sin.

Gluais

Réamhrá

sinsear/(-ir) – ancestor(s)
ag airneál – night visiting
as cuimse – out of all recognition
idiraosach – intergenerational
litríocht bhéil – oral literature
instinn – instinct
ré – era
tóir – desire, craving
sobaldráma(í) – soap opera(s)
aip – app
athrá – repetition
aontacht – unity
leanúnachas – continuity
nath(anna) cainte – idiom(s)
tréith(e) – trait(s)
cois teallaigh – by the fireside
foréigean – violence
scéinséir/(-éara) – thriller
timpeallacht – environment
drogallach – reluctant
d'ainneoin na n-ainneoin – despite everything

Caibidil a hAon

ar oiliúint – fostered
bean altrama – foster-mother
in inmhe fir – able to do a man's work
laoch(ra) – hero(es)

liosta le háireamh – a great number
de ghlanmheabhair – off by heart
staidéartha – studious
treala(i)mh – equipment
culaith ghaisce – suit of valour
an bhearna bhaoil – the 'gap of danger'
gruagach/(-aigh) – ogre(s)
ollphéist(eanna) – serpent(s), monster(s)
iliomad – a variety
arrachtaí – monsters
ag bualadh báire – hurling
an gearrán bán ag dul ar chúl na copóige – the white gelding going behind the dock leaf (*lit.*), the shades of night falling
binn – lap
clapsholas – dusk
sáinnithe – confined
in ísle brí – depressed
géibheann – prison
ridire – knight, valiant warrior
gaisceadh/(-idh) – valour, bravery
stadach – in a hesitant manner
machnamh – contemplation
beathaigh – to feed, nourish
aghaidh a thabhairt ar – to face, turn towards
mór le rá – famous

Caibidil a Dó

faitíos/(-ís) – fear
ruainnín – small amount
gairm – calling
amaidí – nonsense
brocach – stinking
ag clamhsán – complaining
strus – stress
cantal – bad temper
scorróga – hips
borb – brusque
ruaig – chase
in áit na mbonn – in that place
guaim – self-restraint
trangláilte – confused
in aimhréidh – dishevelled
diabhal neart agam air! – I can't help it!
neamhbhalbh – in a forthright manner
scaibhtéir – blackguard
dreas – a while
bagrach – threatening
nach dána an mhaise duit? – isn't it a bold thing for you?
anois nó go brách! – now or never!
geit – to start in fright or surprise
díol trua – to be pitied
ag spochadh – mocking
baineadh siar as – was taken aback
beo beathach – alive and active
ucht – chest
uaimh – cave

leadránach/(-aí) – boring
coir – crime
bréag – lie
sceoin – terror
deireadh dúile bainte de – hope given up
múch – to smother
iondúil – usual
trian – a third
mil/(-eala) – honey
cathú – temptation
aoi (aíonna) – guest(s)
cluimhreach/(-rí) – feathers
ag srannadh – snoring
cráin mhuice – a sow

Caibidil a Trí

oir – to suit
ag fiach – hunting
urchar – shot
osna – a sigh
an gabhal éadain – end rafters of hip-roofed house
dul i mbannaí ar – to warrant that something is so
geis/(-easa) – taboo, spell
i ndúil is – in the hope that
fairsinge – spaciousness
ach an oiread – either
bos a chuimilt de rud – to rub a hand over something
leas/(-a) – benefit
acra(í) – tool(s), implement(s), utensil(s)
gléigeal – sparkling bright

ag glioscarnaigh – shining brightly
ildaite – many-coloured
ag spréacharnaigh – glittering
láithreach bonn – immediately
iomaire – ridge, wave
acra – acre
(h)almadóir – a tiller
caladh – a harbour
foscúil – sheltered
slíoc – to stroke, touch
feistigh – to moor, berth a boat

Caibidil a Ceathair

straois – grimace
tarcaisneach – scornful
ag bogchaoineadh – whimpering
truslóg – long bounding stride
smuitín – sharp blow
racht – outburst
macalla – echo
máguaird – around about
cruachroíocht – wrestling
easna(cha) – rib(s)
reithe – ram
ciumhais – border, edge
fear do shínte – a man to lay you out
bean do chaointe – a woman to keen you
cor – twist, turn
fáisc – to squeeze, press
básta – waist
mearbhall – confusion
míobhán – dizziness

ríocht/(a) – kingdom
tairiscint – offer
slat draíochta – magic wand
leac – flagstone, slab
liúdramán – loafer
anró – hardship
breast thú! – go away!
faobhar – a sharp edge
lann – blade
fonóideach – mocking
spréach – lash out
is olc an mhaise duit – all the worse for you
goldar – loud shout
sáigh – to thrust
sceitimíní – excitement
mire – mad
dúradán – bile
putóg(a)/putóige – intestine(s)
luach saothair – a reward

Caibidil a Cúig

ionraic – honest
sócúil – comfortable
ag dó na geirbe – irritating
promh – to prove
eachtra – adventure
aistear /(-ir) – journey
tiarnach – bossy
soitheach – vessel
beatha – food
dá fheabhas – of the best
stiúgtha leis an ocras – starving
st(r)eallta – bashed
stróicthe – torn

fuilteach – bloody
lá aird – any attention at all
le teann faitís – with sheer fear
greim – bite
bolgam – mouthful
feithideach – insect
áiféiseach – ridiculous
dochar – harm
dúshlán – challenge
smúid – gloom
cruinníodh orainn – we were attacked

Caibidil a Sé

moilleadóireacht – delay
seabhac – hawk
ealta – flock
íocshláinte – healing potion
bithiúnach – scoundrel
míofar – ugly
níor fágadh deoir ann – he was killed
tum – to dip
bhí sé ag cinneadh orm rud a dhéanamh – it was beyond me
brocamas – smelly mess
fionnadh/(-aidh) – fur
fogha – lunge, rush
ceathrú deiridh – hindquarter
groí – strong, hearty
cár a chur ort féin – make a grimace at someone
smuilcín – a scamp, brat
an rud is measa liom – the thing I like best

a thiarcais – my goodness!
ealaín – art
scríob – scrape
dorn an chlaímh – hilt of the sword
ag giorrú an bhealaigh – shortening the road, setting off home

Caibidil a Seacht

ar a sháimhín só – happy and at ease
pleota – fool
bradach /(-aigh) – thieving
gnúsacht – a grunt
searraigh – to stretch
crúb – a claw
seiftigh – to provide for oneself
caillte – dead
slodán – a puddle
corpán – a corpse
ár /(-ir) – slaughter
bhris an gol orm – I burst out crying
aiféala – regret
an t-uafás – the horror
cliabh – a chest
ina steillbheatha – as large as life
ardiúmar – in a great mood
ag meabhlaigh – mewing
ar an toirt – at that instant
criog = cniog – to beat, overcome
cloígh – to subdue, wear down

croith – shake
sciath – shield

Caibidil a hOcht

ciseán – basket
a dhóthain – his fill
lochta – loft
gortach/(-aí) – hungry, mean, miserly
ualach – a load
timireacht /(-aí) – a chore, job
dá mhéad – however many
ar theann a dhíchill – doing his very best
gioba(i)l – rag(s)
lúfar – agile, athletic
cuirim geall – I'll bet
meabhair – mind

Caibidil a Naoi

searg – to wither
ag lobhadh – rotting
dé – breath, life
cotadh – shyness
crá croí – source of annoyance
go hard na spéire – greatly, fulsomely
is méanar dó – he is lucky
ríméad – delight
béic – shout
comhluadar – company
soir – east
siar – west
ó thuaidh – north
ó dheas – south

in araicis – to meet
fóill ort! – go easy!
leibide – a fool, careless person
glam – a loud shout
seachain thú féin! – mind yourself!
leisce – laziness
bréanta(i)s – stench
ag sileadh – pouring
stiúir – a rudder
cruashiúl – smart pace
smailc – a puff
meangadh gáire – a smile
theip air – he failed
i ndeireadh na péice – on his last gasp
ag teitheadh – fleeing
pleoid ort! – shame on you!
cladhaire – a coward
ní túisce – no sooner
sna cosa in airde – as fast as he could
cladhaire déanta – a complete coward

Caibidil a Deich

Ní tráth suí é – It's not the time for sitting.
mo sháith – my fill
ag creathnú – quaking
cáitheadh na farraige – sea spray
neart /(–irt) – strength
pus – sulky expression
buachaill aimsire – servant boy
grusach – gruff

a dhath – anything
dualgas – a duty
cum – to compose
cian a thógáil de dhuine – to
   cheer someone up
cúirtéis – courtesy
sotalach/(-aí) – arrogant
comhairleoir – an adviser
mífhoighdeach – impatient
ag beathú – feeding, sustaining
cárt – a quart
ag dul ó sholas – nightfall
meisce – drunkenness
iontas na n-iontas – wonder of
   wonders
ag at – swelling
gaofaireacht – windiness

Caibidil a hAon Déag

tuar – to foretell
caill – loss
ní raibh caill ar bith air – he
   wasn't too bad at all
caoch – blind
stuama – sober
is mithid – it is time
clár éadain – forehead
cúb – to shrink back
imir – a hint
bagairt – a threat
cumha – loneliness
aigéan/(-éin) – ocean
turtar – a turtle
corr bhán – a stork
iasc gréine – a sunfish
fíochmhar – fierce

sliogán – a shell
léas – horizon
fear faire – a watchman
crannóg – a mast
bainis/(e) – wedding feast
dóirte i ngrá – head over heels
   in love
sonrú – attention, notice
deoch/(dí) – drink

Caibidil a Dó Dhéag

deaslámh – right hand
olagón – wailing
búir – to roar
meilte – ground up
bréagach thú! – you liar!
riastradh uime – he became
   contorted
pláigh – a plague
gonta – wounded

Caibidil a Trí Déag

bhí eagla a gcraicinn ar na mná
   – the women were afraid of
   their lives
téanam orainn abhaile – let's
   go home
alltacht – amazement
las – to blush
siodgháire – giggle
réabtha – ripped
loinnir – a shine
gníomh(artha) – deed(s)
fuadaigh – to abduct
geall – to promise

uchtach – courage
trácht – a mention, reference
d'ainneoin – despite
admhaigh – to admit
tinneas póite – a hangover
bligeárd – a blackguard
tuairim –
cruthaithe – proven
tuill – to earn, deserve